图说天下·国家地理

跟着课本去旅行

霍晨昕 木梓 ◎著

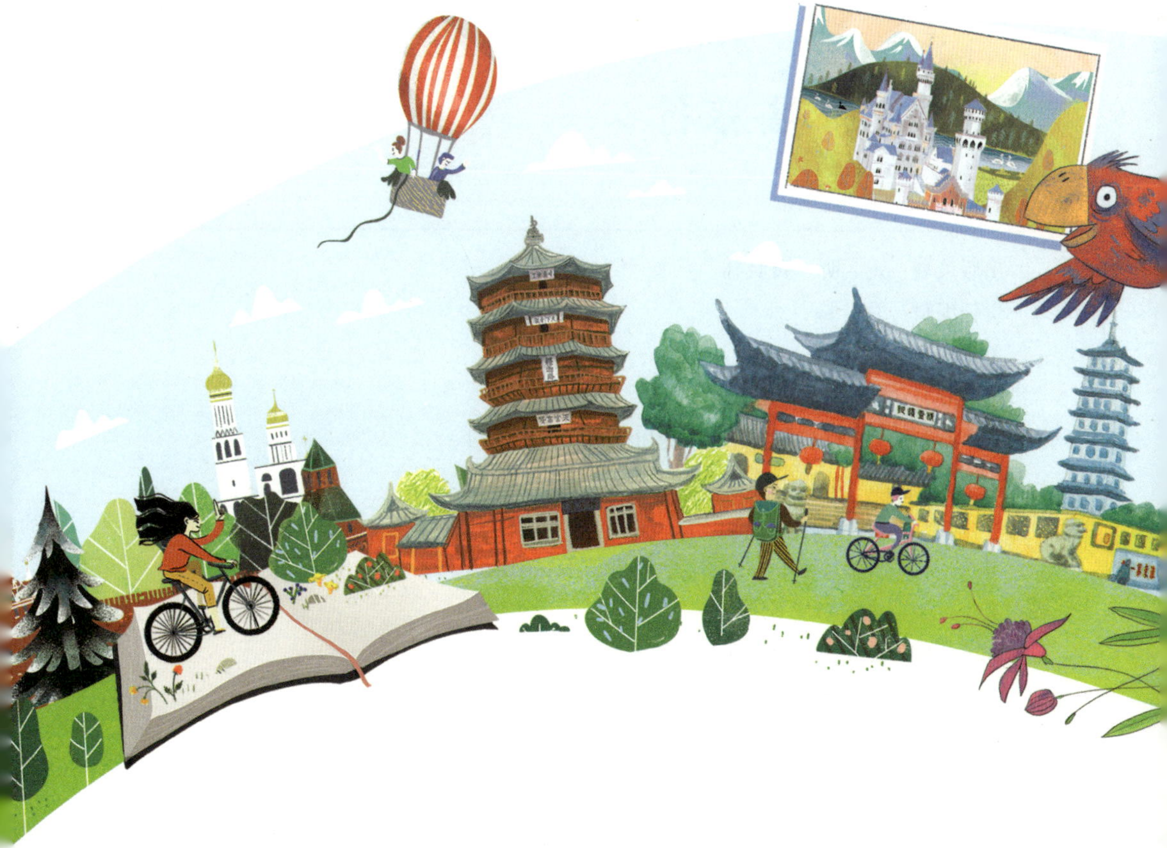

石油工业出版社

图书在版编目（CIP）数据

跟着课本去旅行 / 霍晨昕，木梓著. -- 北京：石油工业出版社，2023.3
 ISBN 978-7-5183-5865-6

Ⅰ.①跟… Ⅱ.①霍… ②木… Ⅲ.①地理 - 世界 - 少儿读物 Ⅳ.①K91-49

中国国家版本馆CIP数据核字（2023）第017988号

跟着课本去旅行
霍晨昕 木梓 著

出版策划：王　昕　黄晓林
责任编辑：尹　璐
责任校对：刘晓雪
出版发行：石油工业出版社
　　　　　（北京安定门外安华里2区1号楼　100011）
　　　　　网　址：www.petropub.com
　　　　　编辑部：（010）64523616　64252031
　　　　　图书营销中心：（010）64523731　64523633
经　　销：全国新华书店
印　　刷：北京天宇万达印刷有限公司
2023年3月第1版　2024年2月第2次印刷
710毫米×1000毫米　开本：1/16　印张：10
字数：200千字
定价：40.00元

版权所有，翻印必究
如出现印装质量问题，我社图书营销中心负责调换

Foreword 前言

  俗话说,读万卷书,行万里路。要想更好地认识我们这个五彩斑斓的世界,不仅要学好课本上的知识,还要用脚步去丈量世界,用眼睛去观察世界,用心灵去感悟世间万物……而这,或许就是旅行的意义。

  当你在课本上读到《从百草园到三味书屋》时,是否会突然心动,想要去绍兴亲眼瞧瞧真实的三味书屋到底长什么样子?你又能否在那里找寻到鲁迅先生曾经生活学习的痕迹呢?

  当你读到古诗《望庐山瀑布》时,你是否会突然兴起,想要亲自去攀登庐山,像诗仙李白一样,站在飞流直下的庐山瀑布前,感受那一泻千里的意境呢?那时你又能否和李白产生共鸣,感受这位大诗人在千百年前的心境呢?

  当你读到《日月潭》时,你是否会忍不住激动一番,想要跨越海峡,去宝岛台湾,亲自看看"山自凌空水自闲"的日月潭美景呢?你又能否读懂它背后所承载的千年岁月,感知它所饱含的无限期许呢?

  如果你的心中充满了向往和好奇,那不妨翻开这本书,因为它会带着你,将心中的那阵悸动变成现实,帮你把课堂延伸到千里之外,让你亲自去领略课本之外的绚丽多彩的世界。

  来吧,带着心中的期许和未知,跟随手中的课本,一起去世界各地游历一番,让那些遥不可及的远方,成为你眼前触手可及的美丽画卷。一起跟着课本去旅行吧!

目录

第一章
杏花春雨芳菲地

- 济南：大明湖畔，千佛山边 / 2
  老舍《济南的冬天》

- 长沙：历史名城，文化之都 / 8
  毛泽东《沁园春·长沙》

- 苏州：水乡画卷，千年余韵 / 14
  叶圣陶《苏州园林》

- 绍兴：从百草园到乌篷船 / 20
  鲁迅《从百草园到三味书屋》

- 南京：秦淮河畔，乌衣巷内 / 28
  王安石《桂枝香·金陵怀古》

- 西湖：淡妆浓抹总相宜 / 32
  苏轼《饮湖上初晴后雨》

趣味游学之旅：大美杭州 / 38

第二章
一路向北美千年

- 小兴安岭：落雪的童话森林 / 42
  董玲秋《美丽的小兴安岭》

- 呼伦贝尔草原：清纯的梦乡 / 48
  老舍《草原》

- 黄河：中华文明的母亲河 / 52
  李白《将进酒》

趣味游学之旅：古都西安 / 58

- 吐鲁番：火焰中流淌的翡翠 / 60
  权宽浮《葡萄沟》

- 雅鲁藏布大峡谷：超脱的王者 / 66
  马晨明《藏戏》

第三章
诗意氤氲总倾城

- 丽江：此心安处是吾乡 / 70
  阿来《一滴水经过丽江》

- 洱海：和水中月秘密私语 / 72
  吴然《走月亮》

- 日月潭：山自凌空水自闲 / 76
  吴壮达《日月潭》

- 香港：璀璨的东方明珠 / 80
  周婷、杨兴《别了，"不列颠尼亚"》

Contents

◆ 澳门：最美的残缺 / 82
闻一多《七子之歌》

趣味游学之旅：火辣成都 / 84

第四章
山外青山楼外楼

◆ 泰山：五岳之首，凌绝之巅 / 88
杜甫《望岳》

◆ 黄山：立于天地之间 / 94
于永正《黄山奇石》

◆ 庐山：香炉瀑布知音山 / 100
李白《望庐山瀑布》

◆ 天山：侠骨柔情的传奇 / 106
碧野《七月的天山》

◆ 黄鹤楼：昔人已乘黄鹤去 / 116
李白《黄鹤楼送孟浩然之广陵》

◆ 鹳雀楼：更上一层楼 / 122
王之涣《登鹳雀楼》

第五章
画色入韵的异域风光

◆ 威尼斯：浪漫"毒药" / 128
马克·吐温《威尼斯的小艇》

◆ 巴黎：浪漫之都 / 132
艾芙·居里《美丽的颜色》

◆ 伦敦：全球化的典范 / 136
狄更斯《大卫·科波菲尔》

◆ 荷兰风车：孩提时代的梦境 / 142
卡雷尔·恰佩克《牧场之国》

◆ 开罗：城市之母 / 144
穆青《金字塔夕照》

◆ 莱茵河谷：花火中的圣地 / 150
《月光曲》

第一章 杏花春雨芳菲地

Jinan

济南：大明湖畔，千佛山边

课文回放

　　对于一个在北平住惯的人，像我，冬天要是不刮大风，便觉得是奇迹；济南的冬天是没有风声的。对于一个刚由伦敦回来的人，像我，冬天要能看得见日光，便觉得是怪事；济南的冬天是响晴的。自然，在热带的地方，日光是永远那么毒，响亮的天气反有点儿叫人害怕。可是，在北中国的冬天，而能有温晴的天气，济南真得算个宝地。

——老舍《济南的冬天》（节选）（人教版语文·七上）

第一章 ·杏花春雨芳菲地·

△ 趵突泉

我的名片

姓名： 济南

美誉： 天下泉城

位置： 山东省中部偏西、黄河下游南岸

名人： 李清照、辛弃疾

景点： 趵突泉、大明湖、千佛山、五龙潭、泉城广场、环城公园

特产： 龙山小米、明水香稻、黄河大米、平阴玫瑰、平阴阿胶、红玉杏

袅娜百花洲，清澈大明湖，荷塘苔影氤氲着远古；巍巍千佛山，幽幽红叶谷，齐烟彩林辗转着苍茫；濯濯趵突泉，攘攘曲水亭，泉声叮咚轻荡着垂杨。走进济南，邂逅时光，恍惚之间，已明媚若天堂。

济南，南枕泰山，北倚黄河，背山面水，山水宛然，素有"天下泉城"的美誉。4000多年前，龙山文化繁衍于此，舜躬耕于历山，谱写了一段段古老动人的传说；2000多年后，老舍在此镌刻了老城冬日的"温晴"，琼瑶在此书写了大明湖畔的浪漫。

漫步济南街头，若撑一支长篙，漫溯在诗海中，无须特定的目的地，随心所欲，便能感到自在快活。沐浴着朦胧的烟雨，走在飘满黄叶的石子路上是一种烂漫；路过一处街心公园，驻足满目碧玉丝绦是一种欢畅；若你愿意，在这如诗的景色中，给家人一个拥抱又何尝不是一种幸福？毕竟，济南，原就是一座令人向往的城市。

虹波溶烟柳，四海泉中尊

若济南的美有十分，那么，趵突泉独占五分。

趵突泉，又名槛泉、娥英水、三股水，为济南七十二名泉之首，素有"天下第一泉"之誉，位处济南

3

市历下区，南倚千佛山，北望大明湖，山泉湖相映，佛月荷交辉，邂逅一次，便令人留恋不已。

三月东风漂绿萍，杨花深处觅芳踪。春日的趵突泉，总别有一分妩媚。三股清泉，鲜活而明媚，平地趵突，腾跃翻涌，雪白的泉浪缀饰着金色的阳光，离水二三尺，雾蒙四五方，映以桃红柳绿、山莺流岚，自见风致。偶尔，略显羞涩的春燕也会轻轻地斜掠过泉池，但如玉塔般凌波而上的涌泉却不是它的向往，它向往的是观澜。

趵突泉畔，名胜古迹无数，观澜亭只是其中之一。亭子不大，四四方方，重檐高脊，玲珑中带着几分红色的华贵。宋代大文豪苏辙曾在此抒发"汹汹秋声明月夜，蓬蓬晓气欲晴天"之叹，但其实，观澜亭上观澜处，最曼妙的从不是深秋，而是寒冬。

当北风凛冽百草折时，与纷纷扬扬的雪花一起相约在观澜亭旁，凭栏俯瞰趵突泉池，此时清澈的泉水再不复曾经的欢快鲜活，变得轻柔婉约。袅袅的水汽如云似雾，笼罩于泉池之上，朦胧间，可见梅影疏斜，潋滟水光的彩绘金装、画栋雕梁，那般唯美，一如仙阙。

当然，作为济南三大名胜之一，趵突泉的美并不独在其本身，也不独在观澜亭，泉东逶迤如虹的来鹤桥，泉北恬静安宁的李清照纪念堂、辉煌溢彩的泺源堂，泉南清婉别致的白雪楼，泉西翠黛横屏的胜概楼，全都别有意趣。星星点点错落地散布于趵突泉四周的大小泉眼，亦各有各的浪漫：珍珠泉云蒸霞蔚，一串串白色的气泡就仿佛一颗颗散落的珍珠，万斛珍珠，沐着淡蓝色的轻烟，忽断忽续，忽急忽缓，聚散之间，自见"跳珠溅雪碧玲珑"的绝世风姿；黑虎泉磅礴大气，水激柱石，声如虎啸，峭壁悬岩，青石堆雪，别显轩昂；金线泉奇妙迷离，粼粼

大明湖

盛夏时节，大明湖上，荷叶接天，碧波无垠，荷花映日，别有意趣。

水光中，常见金线隐约；漱玉泉边，水映白荷，几尾锦鲤，悠游水中，倒颇有几分田园风趣……名泉七十二，一泉一妖娆，沿泉而行，一步一步，悠悠向前，不经意地一抬眼，大明湖的清波便漫了满眼。

大明湖畔烟雨情

大明湖，位处济南市中心偏东、千佛山山麓，临趵突泉，水光潋滟，山色空蒙，为万泉汇流而成，景色明媚，渔歌唱晓，荷塘晚香，迤逦其间，仿佛走进了一幅浅笔勾勒的水墨画卷。

大明湖有四怪：蛇不见，蛙不鸣，久雨不涨，久旱不涸；大明湖还有四绝：烟雨垂杨，菡萏留香，秋风芦荻，雪霁流云。

仲春，烟雨迷蒙，满堤垂柳荫着青苔，一枝新绿点着水波，远眺青山黛色，近看蒲苇摇曳，万顷碧波与天上的流云交相辉映，微风徐来，心旷神怡。

盛夏，天光晴好的日子，泛舟于接天莲叶之间，采一枝映日红荷，长篙动处，惊起的却不是鸥鹭，而是烂漫的夕照。

深秋，残花零落之时，芦花却纷纷扬扬，烂漫如雪，点染了微微漾着涟漪的湖面，亦扰乱了湖面上倒映的千佛翠色，远山近水融于芦雪，明秀别样。

隆冬，凛冽的北风摧折了蜡梅，大明湖也不再澄翠，然而，雪后晴岚耀日光，站在湖畔，极目远望，雪霁白云，烟笼银装，水光跃动间，却更见妖娆。

大明湖，四时何日不倾城？无怪乎古人曾以"四面荷花三面柳，一城山色半城湖"盛赞于它。

除了悠悠水色，四时之美，大明湖畔还有"一阁三园，三楼四祠，六岛七桥"，皆独具风韵。湖心岛上历下亭，青瓦红柱，古雅庄严，自古而今，济南名士多对此亭钟爱有加；北岸北极阁，高台广砌，彩塑辉煌，香烟缭绕间，有道韵悠扬；岸西铁公祠，枕松风，攀藤萝，一湾碧水绕红荷，风光旖旎，若天气晴好，还能一睹佛山倒影的雍容奇秀；南岸遐园，小巧玲珑，山石嶙峋间隐见花木青葱，别有洞天……

尖翠二三峰，山似佛头青

佛山影落明湖秋，湖上看山翠欲流。千万年来，岁月几经，花开花落数负流年，千佛山却仍默默守候着大明湖，深情不悔，从未更改。

▼ 千佛山佛像

千佛山属泰山余脉，山不高，说不上巍峨，却别有几分清幽内秀。潺潺碧水潆于峰峦之间，水波如云，云畔，有一槐一亭。槐为唐槐，枝干虬结，蓊郁苍古。相传，隋唐名将秦叔宝曾拴马于树下。亭为一览亭，亭四角重檐，古朴淡雅。登亭临风，可眺"一城山色"，青浪叠天。尤其是入夜，灯火阑珊的时候，星星点点的灯光如垂落的繁星倒映着泉城的妩媚。站在亭中，俯瞰山下，水村渔歌，荷香袭人，仿佛天上人间。入秋时节，当漫山遍野的菊花盛放时，花海怒涛，芳香蝶影，那仿佛浸染了夕阳的菊红尤显别致。

循着菊香，一路向上，一尊又一尊或坐或立、或怒或笑的佛像便成了沿途最美的风景。千佛山，原名历山，因舜曾躬耕于此，也名舜山，后来，人们称它为千佛山。千佛山上，处处是佛，梵语禅声，不绝于耳。万佛洞里，数万尊形态各异、栩栩如生的佛像连缀成了一条长廊，斑斓的彩绘、别致的壁画，在卧佛荣光的加持下，凝成了石窟艺术最雄伟的殿堂。千佛崖上，210余尊摩崖造像与兴国禅寺一起雕琢着开元的奇秀。兴国禅寺是济南香火最鼎盛的寺院。寺内，建筑古朴、佛塔森森，每天都有香客慕名而来，或祈求学业顺利，或祈求家庭和美，或祈求事业有成。观音园与兴国禅寺相去不远，园中池横绿波、荷开锦绣，一尊白玉观音屹立莲池之上，法相庄严，惟妙惟肖，与东麓弥勒胜苑大肚能容的弥勒金像恰好相映成趣。弥勒胜苑是仿清建筑，亭台密集，高低错落，既是佛土，也是兼容了南北风情的山水庭园。徘徊园中，一步一景，令人流连。

另外，每年的三月初三、九月初九，千佛山上还会举行盛大的庙会，红红火火，热热闹闹。庙会期间，不仅会有各种佛事活动，还有相声、锣鼓、山东快书等颇具地方风情的曲艺表演。九曲大肠、油旋、把子肉、甜沫、坛子肉、奶汤蒲菜、草包包子、酥锅等泉城特色美食，更为这赫赫扬扬的盛会平添了几许温馨与趣味。

暮鼓晨钟诉清静，山光水影尽禅音。离开千佛山，遥望济南，眸中，仍有秀色不断地流淌：九如山瀑布如雪，曲水亭繁华若梦，红叶谷的红叶熏染了天上的流霞，五龙潭的波光映照着树影婆娑。

济南很大，也很小，方圆寸土，明媚依然，晴云晓日明湖影，柳落菡香红叶深。泉城的风光独好，每一处都值得去追寻。

Changsha
长沙：历史名城，文化之都

课文回放

独立寒秋，湘江北去，橘子洲头。看万山红遍，层林尽染；漫江碧透，百舸争流。鹰击长空，鱼翔浅底，万类霜天竞自由。

——毛泽东《沁园春·长沙》（节选）（人教版高中语文·必修上册）

我的名片

姓名： 长沙

美誉： 屈贾之乡、东亚文化之都、世界"媒体艺术之都"

位置： 湖南省东部、湘江下游沿岸

名人： 曾国藩、黄兴、雷锋

景点： 岳麓山、橘子洲、天心阁、开福寺、杜甫江阁、马王堆汉墓、世界之窗、湖南博物院

特色： 长沙花鼓戏、陶公庙庙会

▶ **长沙橘子洲大桥**

橘子洲大桥横跨湘江水道和橘子洲，是中国规模最大的公路双曲拱桥之一。

一代伟人毛泽东在南下途中，路过长沙，特意到橘子洲故地重游。站在橘子洲头，看着湘江两岸的秋日美景，毛泽东忍不住发出"怅寥廓，问苍茫大地，谁主沉浮"的慨叹。历经近百年的风云变幻，当我们踏上长沙这片土地，依然能感受到这里的文化韵味。这里的山山水水，都曾是历史的见证者，它们随着岁月流逝，演绎出一段段传奇而动人的故事，在湖湘大地上，绽放出不一样的风采。如今，漫步长沙故土，我们伫立橘子洲头，眺望岳麓，一起来感受那段饱含历史与文化的风云岁月！

东亚文化之都

作为我国首批国家历史文化名城，长沙的历史可以向上追溯到旧石器时代，当时已经有原始人类在长沙一带居住和活动了。之后，在漫长的历史进程中，长沙始终占据着重要的历史地位，无论是秦朝时期的三十六郡之一，还是西汉时期的长沙国、明清时期的长沙府，在历史长河的各个节点，长沙都留下了浓墨重彩的一笔。

在长沙市天心区的太平街上,有一条十分幽深的古巷——太傅里。这条巷子看似普通,但它却孕育了我国历史上的两位大人物——楚国诗人屈原和汉代名士贾谊,而长沙也因此才有了"屈贾之乡"的美称。

相传屈原被流放到长沙期间,他就住在这条巷子里,每天和街头巷尾的老百姓们一起聊天,近距离地感受当时的民生疾苦。贾谊还在住处凿了一口井,井不大,却很深,后人称它为贾傅井。

我们都知道,历史上屈原是一位忧国忧民的政治家,即使被贬长沙,他依然一心想着楚国的未来。当他游历湘水、沅水时,看到辽阔的江面,心中不由自主地升起对故土的思念,以及对楚国未来的担忧,于是他奋笔疾书,将心中的情感化作文字,写出了《离骚》《九歌》等不朽之作。

就在屈原投江一百多年后,一个和他有着相似遭

⊙屈原

遇的人也因为官场的尔虞我诈被贬为长沙王太傅，这个人就是汉代名士贾谊。来到长沙后，贾谊在屈原住过的古巷里盖起一座院落，种起柑树，一边享受着难得的悠闲时光，一边创作《吊屈原赋》，以致敬屈原。

就是这么一条坐落在长沙的古朴幽深的小巷，却接连成为屈原、贾谊两位大人物的避风港。走进小巷，历史的云烟慢慢浮现，恍惚中，屈原和贾谊似乎正在前方提笔创作，他们屹立在寒风之中，身姿挺拔，让人不由得心生敬畏。

除了是"屈贾之乡"外，长沙还享有"楚汉名城""潇湘洙泗"的美誉，这里既有马王堆汉墓、铜官窑以及岳麓书院等在内的历史名胜，又是我国旧民主主义革命和新民主主义革命的发祥地之一。可以说，长沙自古以来就是一座历史与文化并重的城市，它是名副其实的"东亚文化之都"！

漫步在长沙街头，历史与文化的气息在空气中持续扩散和发酵，深吸一口气，就仿佛和这片土地融为一体，在滚滚热浪中，感受长沙身为"东亚文化之都"的独特魅力！

绿洲之上，沙鸥点点

缓缓流淌的湘江水，从长沙穿城而过，就在岳麓区的湘江中心地带，坐落着一片冲积沙洲，它就是有着"中国第一洲"之称的橘子洲，也是毛泽东在《沁园春·长沙》中提到的橘子洲头。

从空中俯瞰，橘子洲是一个四面环水的长岛，它就像是湘江之上的一座孤岛，由南向北横贯江心，东与长沙城相邻，西和岳麓山隔江相望，在清澈的湘江水的映衬下，显得格外宁静，有一种"惯看秋月春风"的磅礴之感。

关于橘子洲的来历，有一段悠久的传说：相传在很久以前的远古时代，湘江之上并没有今天的橘子洲，在江水两岸分布着很多村庄，那里的人们大都以捕鱼为生。在其中一个村庄里，有一个名叫"胡子爹"的老人，他德高望重，算得上是全村人的精神领袖。

有一次，胡子爹要带着村里的渔民去湘江里捕鱼，为了保佑这次捕鱼之行平安顺利，七个心灵手巧的年轻女子，特意给胡子爹编了一根白色长腰带，并在腰带上绣上了一幅江中小岛的图案。

胡子爹将这条腰带牢牢系在腰上，然后和渔民们一起乘船，去湘江中心捕鱼了。就在大家专心致志地捕鱼时，天空突然刮起一阵大风，原本晴朗的天空瞬间乌云密布，紧接着，倾盆大雨如同瀑布一般从天而降。在一阵大风大浪中，胡子爹和渔民们乘坐的渔船东摇西摆，眼看着就快要翻船了。

危急时刻，胡子爹突然使出蛮力，如同大力士一般奋力地划动船桨，凭一己

橘子洲

之力将渔船划到了岸边，这才保住了一船人的性命。直到这时，胡子爹才知道自己之所以变得力大无穷，正是因为他腰上绑着的那条白腰带。此时，还有几条渔船被困在江面上，正摇摇欲坠。胡子爹看到后，赶忙解下腰上的白腰带，朝着湘江水面奋力一扔，只见那条白腰带越飘越长，最终变成一座长条形的小岛，稳稳地落到被困在风浪中的渔民前。有了这块突然出现的江中小岛，那些在风浪里挣扎的渔民如同抓住了救命稻草，赶忙上了小岛，这才保住了性命。

这座由白腰带变成的江中小岛，就是如今的橘子洲，是长沙的风景名胜之一。每年春天，都会有成群结队的沙鸥在这里出现，绿洲之上，沙鸥点点，别有一番风情；等到了秋天，橘子洲上又会呈现橘红一片的美景，美不胜收！

霜叶红于二月花

在湘江西岸，一座高山耸立，它就是南岳七十二峰的最后一峰——岳麓山。

提到岳麓山，相信大家脑海里最先浮现的，就是唐代诗人杜牧的《山行》一诗："远上寒山石径斜，白云生处有人家。停车坐爱枫林晚，霜叶红于二月花。"

据说当年杜牧来到长沙游玩，当他一路乘车来到岳麓山附近时，被眼前寒山白云的秋日美景所吸引，忍不住诗兴大发，立即奋笔疾书，写下了这首传世之作。正是因为杜牧的这首诗作，后人将岳麓山上的一处名为红叶亭的凉亭，改名为"爱晚亭"，爱晚亭也一举成为岳麓山上的代表性景点。

沿着蜿蜒曲折的山路继续向上攀登，就来到了岳麓山上的另一处景点——岳麓书院，它于北宋开宝九年（976），由潭州太守朱洞创建，是我国古代四大书院之一。一座名山之上能够建起一座书

🅐 爱晚亭

🅑 岳麓书院

院，足见岳麓的历史文化底蕴是多么深厚。

如今，在历经千年风雨后，岳麓书院摇身一变，成为岳麓山上的一个举世闻名的文化符号，"千年学府"的历史传统，以另一种方式传承下去！

长沙之最

作为我国长江中游地区的中心城市，长沙开创了无数个"最"字纪录。这里有世界上最早的天文学著作——出土于马王堆的《五星占》《天文气象杂占》，中国最早的地图——马王堆帛地图，世界上最轻的丝织品——素纱单（也作"襌"）衣，我国现存最大的商代青铜方尊——四羊方尊……有了这些令人叹为观止的"世界之最"，长沙的魅力更加与众不同了！

苏州：水乡画卷，千年余韵

Suzhou

课文回放

　　苏州园林据说有一百多处，我到过的不过十多处。其他地方的园林我也到过一些。倘若要我说说总的印象，我觉得苏州园林是我国各地园林的标本，各地园林或多或少都受到苏州园林的影响。因此，谁如果要鉴赏我国的园林，苏州园林就不该错过。

　　——叶圣陶《苏州园林》（节选）（人教版语文·八上）

第一章 ·杏花春雨芳菲地·

△ 苏州水乡如画

我的名片

姓名： 苏州
美誉： 东方威尼斯、园林之城、丝绸之乡
位置： 江苏省东南部
名人： 吴王阖闾、陆逊、陆机、张旭
景点： 拙政园、留园、沧浪亭
特色： 苏绣、昆曲、评弹、桃花坞年画

宋代词人贺铸晚年闲居苏州，留下怀想佳人的名句"试问闲愁都几许？一川烟草，满城风絮，梅子黄时雨"。而今，昔日的才子佳人都已远去，但苏州还是那个苏州，在每个暮春时节，迎来一场又一场"梅子黄时雨"。它坐拥着千年光阴，静默守候着来来往往的过客，无言。但从古城的一砖一瓦上，从园林的亭台水榭间，从夹杂着古音的吴侬软语里，从咿咿呀呀的昆曲、评弹中，甚至从氤氲着江南特有的湿润水汽的空气中，都能感受到它的目光。

吴中好处是苏州

苏州位于江苏省东南部、长江三角洲中部，北依长江，西临太湖，隋代开凿的京杭运河包围着古城墙，环绕着苏州城区，城中又有纵横交错的河道。13世纪来到中国游历的意大利旅行家马可·波罗，见到苏州水系发达，河道上舟船来往、商贾如云，曾将苏州称为"东方威尼斯"。

水是苏州的灵魂。密布的湖泊水网与温和宜人的气候，使苏州成为著名的"鱼米之乡"，自宋代就有"苏湖熟，天下足"的谚语。同时，便利的水运交通，也使苏州成为各地物产、文化的交汇之处，缔造了苏州上千年的繁华历史。如此得天独厚的条件，难怪诗人杨万里要慨叹"吴

15

中好处是苏州"。

从数千年前的良渚文化、春秋的吴越争霸,直到如今的文化古城,一幕幕故事在苏州上演,也为苏州留下了不朽的文化记忆。距今四五千年的良渚文化曾在太湖之畔传播,春秋时代的吴越争霸在此上演。这里诞生过三国时期的名将陆逊,他的后人陆机,西晋著名才子,又凭《文赋》在这片土地上大放异彩。杜甫《饮中八仙歌》里"挥毫落纸如云烟"的书法名家张旭,便生长于苏州,或许是浸染了唐时苏州的繁华,他张扬的笔墨间,仿佛隐约也带出一点儿盛唐气象。

🅐 昆曲《牡丹亭》插图
《牡丹亭》是明代剧作家汤显祖的代表作,描写了杜丽娘与柳梦梅的爱情故事。

苏州盛产文人墨客、风流才子,但其中最具传奇色彩的,或许要数明代"吴中四才子"中的唐寅。唐寅少有任侠之志,兼善诗文书画,却因科场舞弊案牵连,无缘仕进,自此流连诗酒山水,成为世人眼中"玩世不恭"的风流才子,所谓"狂士标格,才子声名"。唐寅这一典型的传奇才子形象,在后人的小说、戏曲中屡见不鲜。正德年间,唐寅曾筑室于苏州桃花坞,"姑苏城外一茅屋,万树桃花月满天"。桃花坞如今仍在,位于苏州古城西北的这片街巷,没有什么高大的建筑,斑驳的砖瓦仿佛仍裹藏着百年前的汪洋恣肆才情,在你踏入它的那一刻,这些文化记忆便被时光一一唤醒,叫你不由得想起昔日自称"桃花庵里桃花仙"的那位传奇文人。

苏州有着太多的文化符号。闲暇时光,听一曲昆曲《牡

丹亭》，品一盏苏州的碧螺春。那曲子里有杜丽娘的游园惊梦，"朝飞暮卷，云霞翠轩，雨丝风片，烟波画船"，她在梦里，带你走进旧日的烟雨苏州。在那段旧日时光里，画堂前的少女微微颔首，一针一线，勾勒出玲珑娟秀的图案。她有时停下思索针法，有时将作品拿到光下，比对那几卷细线的色彩搭配。时光延绵至今，少女们一个个老去，但她们的技艺与巧思流传下来，这便是如今远近闻名的苏绣手艺。

一提到江南，人们往往首先想到"苏杭"，可见苏州早已成为人们心中江南文化的代表。若是想感受一下江南风韵，不妨选一个暮春时节，亲自走入苏州古城。或许，你也会在不经意间，装点了他人眼中的风景。

无声的诗，立体的画

人们都说"江南园林甲天下，苏州园林甲江南"，中国古典园林要看江南，而江南园林又以苏州园林为集大成者。苏州自古便是一座"园林之城"，现存 70 多处园林，其中的拙政园、留园，可说是我国古典园林艺术的代表作，与北京颐和园、承德避暑山庄一起被誉为"中国四大名园"。

来到苏州老城区东北部，沿着小巷，饱览过一路河景民宿，经过太平天国忠王府，便到了拙政园。它紧邻着苏州博物馆、狮子林，附近有观前街、太监弄。这座园林始建于明代，最初是明正德年间御史王献臣退居官场后修建的府邸，至

苏州拙政园

今已有500余年历史。"拙政"二字取自潘岳《闲居赋》中的"于是览止足之分，庶浮云之志，筑室种树，逍遥自得……此亦拙者之为政也"，有淡泊名利、知足常乐的含义。

拙政园分为东、中、西三部分。东部"归园田居"，是明代末年扩建的，但在清代就渐渐荒芜，之后才依历史文献复原。西部"补园"，依山傍水，"与谁同坐轩"坐落此处。游人看到牌匾，往往好奇地发问："园林主人为何起这样的名字？他究竟与谁同坐？"其实，苏轼的一首词早就给出了答案，"与谁同坐？清风，明月，我"。来到此处，不妨稍做休憩，体会一下苏翁超然物外的情致。中部是拙政园的精华所在，"山增而高，水浚而深，峰岫互回，云天倒映"。

苏州园林离不开水，"凡诸亭槛台榭，皆因水为面势"。水把园林的各个元素串联起来，亭台、回廊、山石、竹篱、四季的林木与花草。建筑将有限的空间分割，而水又将这些分隔的小空间再度组合，使之形成一个富有层次的小宇宙。

跨越千年，钟声犹在

1200多年前的某个深秋夜晚，寒山寺的钟声悠悠响起，惊醒了一位浅眠的舟中游子。这位游子名叫张继。那时他正由京城返回江南，途经苏州。张继满腹才学，渴望通过科举进入仕途，施展才华，但天不遂人愿，他科场失意，无功而返。功业无成的落寞与孤身漂泊的愁情，在这个夜晚，随着漫天霜风、寂寥渔火，逐渐叠加、酝酿。他辗转反侧，却连浅眠一刻的安宁也难以拥有，悠远而寂寥的山寺钟声，仿佛正与诗人的灵魂共鸣。这让人如何成眠？

那时谁也不曾想过，这钟声竟回响了千年之久。时至今日，人们可能记不住当时是哪个文人中了状元，他又留下了哪些作品，却无一例外会记得《枫桥夜泊》。张继并不是文学名士，他在文学史上几乎没有留下其他痕迹，只有一首《枫桥夜泊》传诵至今。

寒山寺

每年12月31日，寒山寺的山门都被前往此处听跨年钟声的人们挤满。听满整整108声，祈愿来年烦恼全无，事事顺利。

今天的寒山寺早已不是当年的模样，楼观肃穆严整，山石相映成趣，每到清秋时节，游人的脚步会踏遍山寺的每个角落。只是每逢晨昏礼拜，钟声依然响起，仿佛在怀念千年前某个过路的旅人。

我的札记

何为"粉墙黛瓦"？

我们常用"粉墙黛瓦"一词概括苏州的建筑特色，这里的"粉"并不指粉色，而是指苏州老建筑外墙上刷的"白粉"。南方雨水多，苏州老建筑又多以土坯建成，涂上这些白粉，既美观又可以防潮。因此，"粉墙黛瓦"指的是白色的墙壁，青黑的瓦。

Shaoxing ☀

绍兴：从百草园到乌篷船

课文回放

我家的后面有一个很大的园，相传叫作百草园。现在是早已并屋子一起卖给朱文公的子孙了，连那最末次的相见也已经隔了七八年，其中似乎确凿只有一些野草；但那时却是我的乐园。

——鲁迅《从百草园到三味书屋》（节选）（人教版语文·七上）

我的名片

姓名：绍兴
古称：越州、会稽
位置：浙江省中北部
名人：陆游、王阳明、鲁迅、竺可桢
景点：鲁迅故里、柯岩风景区、沈园、东湖
特产：绍兴黄酒、霉干菜

▷ 三味书屋

鲁迅儿时曾在此求学。

绍兴，一座在课本里被反复提及的城市，一座让人们感到熟悉又陌生的城市，当你走进它的历史，就会发现，原来自己与这座城市神交已久。浙东古运河是它的血脉，会稽山是它的脊梁，鲁迅的书屋、沈园的诗词、兰亭的书法为它注入真正的灵魂。没有富丽堂皇，绝无脂粉之腻，江南古城的韵味融进绍兴的角角落落，"轻舟八尺，低篷三扇"，呷一口温热的绍兴黄酒，在乌篷船上听流水潺潺，如果你想体验真正的水乡古城，请不要与绍兴擦肩而过。

江南古韵，文化之邦

位于钱塘江南岸的绍兴，具有典型的江南水乡风光，这里河道纵横、乌篷穿巷，被誉为"漂在水上的古城"。一山一水一古城，一墙一瓦一老街，一叶乌篷入画来。绍兴的老街流淌在青山绿水之上，散落在粉墙黛瓦之中，掩映在青山绿水之间。江南特有的舒缓婉约气息，在这里一览无余。

绍兴自古文风昌盛,名人辈出,毛主席曾说,绍兴是"鉴湖越台名士乡"。在绍兴,最卓然的从来都不是风景,而是那一个个耳熟能详的名字,一段段脍炙人口的故事。

东晋时期,书法家王羲之在绍兴度过了他的晚年,他纵情山水,写下了名扬天下的《兰亭集序》;1907年,女革命家秋瑾组织"光复军",想要推翻腐朽的政府,她被捕后誓死不降,在绍兴轩亭口英勇就义。绍兴的每一条陌巷,都蕴藏着一段风雅;每一处飞檐,都暗含着一番情怀。

在这个历史厚重的小城,饮食也自成体系。霉与臭、糟与醉、酱与卤、河之鲜,是绍兴人最为熟知的味道。无论是哪种传统的烹饪方法,都可以往千百年前追根溯源,也总有名人典故可以沾上边,像霉干菜焖肉是明代文学家、画家徐渭首创,素炒鸭子与绍兴人贺知章有关,豆腐是北魏郦道元在绍兴考察时传播开的,鱼圆甚至可以追至秦始皇对鱼肴的钟爱。

绍兴的文韵、绍兴的古朴、绍兴的风骨,在众多江南古镇中,可谓独树一帜,难以复制。连木心先生也曾说:无骨的江南不只苏州,有骨的江南当看绍兴。

秋瑾故居内部

这间小小的院落,见证了秋瑾的成长,也是她短暂人生的缩影。

第一章 ·杏花春雨芳菲地·

🅐 鲁迅故里

鲁迅故里是鲁迅出生和少年时期生活过的地方，在这里，你可以寻到《阿Q正传》中的土谷祠和静修庵，出入《呐喊》中的当铺"恒济当"。

百草园中语，鲁镇翰墨情

在一些人的记忆中，提到绍兴，想到的是鲁迅、三味书屋、咸香的茴香豆、锣鼓喧天的社戏和轻快的乌篷船。《朝花夕拾》中曾反复出现的S城便是绍兴。

绍兴城内最热闹的地方就是东昌坊鲁迅主题街区一带，这里有鲁迅祖居、鲁迅故里、百草园、三味书屋等景点，供人们参观。

🌿 **鉴湖**

鉴湖,亦称镜湖、长湖、庆湖。湖长约 8 千米,东起曹娥江,西至西小江,中有南北隔堤,将鉴湖分为东西两部分。

每天大客车拉来如织游人,街上飘散着臭豆腐、霉干菜和黄酒的味道,小摊上叫卖着鲁迅喜欢用的"金不换"牌毛笔。因孔乙己而名声大噪的咸亨酒店也坐落于此。咸亨酒店原是鲁迅的本家堂叔周仲翔与人合开,光绪年间开张后因经营不善,一两年就关门了,现在也成为景区的一部分,这里的茴香豆和太雕酒在绍兴城内首屈一指。

鲁迅故里,是一条极富江南历史韵味的长街。漫步长街,走马观花也好,细细揣度也罢,都别有妙趣。百草园里,依稀还有鲁迅当年跳脱顽皮的身影;三味书屋里刻着"早"字的书桌仍摩挲着欢声笑语;咸亨酒店茴香豆的味道袅袅不散,孔乙己铜像前合影的人络绎不绝;周家世代居住的大宅院里,花草扶疏,似还能照见鲁迅先生出生时一家的忙乱场景。

漫步其间,那些书中背诵过的课文段落忽然被眼前的景物唤醒,一字一句,历历在目,仿佛跟鲁迅先生进行了一次跨越时空的对话。

一步步,循着春秋笔墨,不断追寻着先生旧日足迹的你我,不知不觉,便已离了故居,到了"鲁镇"。

鲁镇不是一个真正有行政建制的镇子,而是鲁迅先生笔下的鲁镇在现实中的复刻。

走进鲁镇,就若走进了若干年前的绍兴:青石板铺成的街道、蒙蒙的烟雨、尘土飞扬的戏台、纵横的港汊、枕水临河的各色商铺、鳞次栉比的宅院民居、千姿百态的石坊、酒香弥散的竹庐、带着绍兴乡土气息的茶馆,林林总总,令人眼花缭乱。

累了,倦了,随手招一辆"洋车"上去,一边听着车夫用独一无二的绍兴普通话侃大山,一边慢悠悠地观街景,也蛮不错。若时间正恰,说不定还能和"造反"的阿Q、找阿毛的祥林嫂、卖豆腐的杨二嫂、逗小孩的孔乙己来一次偶遇。

鲁镇不远处便是绍兴的"母亲湖"——鉴湖。乘坐乌篷船进入鉴湖,感受绍兴的山水韵味,可以卸去一身疲惫。

鉴湖的水,不仅滋养鱼米之乡,还酿成天下名酒。鉴湖是酿造上乘黄酒的活水源头。鉴湖汇集着会稽山流域的山泉,

🅐 沈氏园

沈氏园美得含蓄,一山一石,皆耐人寻味。踏入沈氏园,方可领悟到"言有尽而意无穷"的真谛。

绍兴的造酒历史也因而繁盛。

早在魏晋年间,此处便是引得文人骚客们流连的风景区。湖中有一座洋溢着浓郁汉风、竹韵飘香的笛亭。亭外,有五座形态古雅如长虹般的古桥连接醉岛。在醉岛畅饮后,乘坐岛上的乌篷船,染澄澈烟波,揽几分人在镜中游的逸趣,却也不错。

红酥春如旧,池立人空瘦

鲁迅故里的东侧,便是沈氏园,多称沈园。

沈园始建于南宋,原是富商沈氏私宅。历八九百年辗转,仍具有浓郁的南宋风情。它因为南宋诗人陆游和唐琬的故事而闻名于世。

20岁的陆游和表妹唐琬成亲,两个人琴瑟和鸣,感情极佳。然而,陆游的母亲却不喜欢唐琬,迫于母命,两人只好分开。后来,陆游依母亲的心愿,另娶王氏为妻,唐琬也迫于父命嫁给了同郡的赵士程。

数年之后,陆游在沈园恰巧碰见了唐琬夫妇,尽管这时他与唐琬已经分离多年,但是内心对唐琬的爱并没有完全消散。陆游满怀感伤,正要离去之时,不料唐琬征得赵士程的同意,给陆游送来一杯酒。

陆游感受到了唐琬的深情,更加伤感,在园壁题下千古名篇《钗头凤·红酥手》。在两人这次偶遇之后不久,唐琬便忧郁而死。刻骨铭心的故事已成惘然,时光依旧在沈园静静流淌。

我的札记

绍兴的"水后门"

绍兴是个水乡,大部分人家的房屋都依河而建,人们主要的交通工具就是乌篷船,而行船归家的时候往往就是把船停靠在"水后门"(从水面进入的后门)的位置,从"水后门"进入宅院。再后来,这个"水后门"除了自家人行走,也会有形形色色的人往来,走"水后门"已经成了绍兴人的一种习惯。

Nanjing

南京：秦淮河畔，乌衣巷内

课文回放

  登临送目，正故国晚秋，天气初肃。千里澄江似练，翠峰如簇。归帆去棹残阳里，背西风，酒旗斜矗。彩舟云淡，星河鹭起，画图难足。

  念往昔，繁华竞逐，叹门外楼头，悲恨相续。千古凭高对此，谩嗟荣辱。六朝旧事随流水，但寒烟衰草凝绿。至今商女，时时犹唱，后庭遗曲。

——王安石《桂枝香·金陵怀古》（节选）（人教版高中语文·必修下册）

  六朝烟水，盛世流离，金陵之名通行古今。南京，最生动的历史课本，无数的繁华与落寞皆散落在这山水起伏间。正所谓"江南佳丽地，金

秦淮河畔

秦淮河是南京第一大河，秦淮河有内河、外河之分，内河在南京城中，是十里秦淮最繁华的地方。

陵帝王州"，这座城市兼具江南水乡的婉约与帝王之都的厚重，它可以水袖飘摇，亦可以金戈铁马。"挟制长江，呼吸千里，足以虎视楚吴，应接梁宋"，重要的地理位置同时带来荣耀与伤痛。几度繁盛，桨声灯影；几度失落，甲胄鲜明。历史渗透进南京的每一根毛细血管，即使是贩夫走卒，也尽染六朝烟水气息。

地即帝王宅，山为龙虎盘

南京以城市风水出名，被称为龙盘虎踞之地，王气之说不绝于耳。战国时期，楚国灭越占领南京，发现这里"气射斗牛，光怪烛天"，术士告诉楚威王这是王气。为保都城安全，楚威王命人在山上埋金以镇，金陵之名由此而来。秦始皇也发现了南京的天子气，于是将金陵改名秣陵，希望其只是个喂马的地方，并在郊外开挖河流，引淮水与长江沟通，以泄散王气。河流因是秦时所凿，便称秦淮河。

229年，孙权称帝，国号吴，南京由秣陵更名为建业，这是中国历史上在南京建都的第一个王朝。东吴、东晋和南北朝的宋、齐、梁、陈，连续六个王朝在南京定都。六朝时期，南京成为世界上首个人口超百万的城市。六朝皆是短命政权，及时行乐成为一种对抗无常的方式，"六朝烟月之区，金粉荟萃之所"，虚无的命运之感使得醉生梦死成为这里的常态。

南唐、明朝、太平天国和民国也曾先后在此短暂建都，因而南京也有"十朝都会"之称。政权更迭，城池被毁，多少次的腥风血雨被掩盖在胭脂金粉之中。明成祖朱棣烧毁了朱元璋耗费毕生精力修建的南京故宫；曾国藩镇压太平天国运动后，火烧整座城市；1937年的南京大屠杀成为南京最沉痛的记忆。

因王气兴，也因其累。怪不得李商隐也曾慨叹："三百

我的名片

姓名： 南京
美誉： 天下文枢、东南第一学
位置： 江苏省西南部
名人： 陶弘景、李煜、曹雪芹
景点： 总统府、秦淮河、夫子庙、雨花台、中山陵
美食： 鸭血粉丝汤、赤豆元宵、盐水鸭

年间同晓梦,钟山何处有龙盘?"历史起落间,南京人早已有种宠辱不惊的淡然气度,无论遇到什么困难,一句"多大事啊"便将一切化解。

秦淮风月,乌衣巷内

赴任睦州刺史的杜牧途经金陵,泊舟秦淮之时不免触景生情,写下千古名篇《泊秦淮》:"烟笼寒水月笼沙,夜泊秦淮近酒家。商女不知亡国恨,隔江犹唱后庭花。"杜牧的叹咏勾起前朝往事,也使秦淮河成为南京最重要的精神坐标。

◉ 乌衣巷

乌衣巷为一条狭窄的小巷,两侧是白墙灰瓦的仿古建筑,别有一番韵味。

秦淮河是南京的母亲河,内秦淮全长约5千米,被称为"十里秦淮"。一水相隔河两岸,一侧是"中国古代官员的摇篮"江南贡院,书声琅琅;一畔则是旧院、珠市,彻夜笙歌。秦淮河沿岸名胜古迹遍布,白鹭洲公园、江南贡院、李香君故居、乌衣巷……这些景点及其背后的鲜活故事使秦淮河成为"中国第一历史名河"。

提到秦淮河,就不能不提"秦淮八艳",无论是寇白门、马湘兰,还是柳如是、李香君,她们侠骨芳心,风流但不忘爱国,这是桨声灯影里的重要旋律。孔尚任历时十余个春秋写就《桃花扇》,书中讲述的是秦淮八艳之一李香君的传奇故事。李香君本是苏州大户人家里最受宠的千金小姐,却在八岁那年家道中落,被迫流落青楼。凭借婉转的嗓音和高超的琴技,李香君十六岁便已是媚香楼的名妓。她为爱坚守不惜血染桃花扇,为国忠贞不惜削发为尼。她的故事仍在流传。

距离媚香楼不远,就是著名的乌衣巷,据说三国时期驻扎此地的禁军皆着黑衣,这里便成了乌衣巷。巷子窄长,路面铺着青砖,两边是矮矮的仿古建筑民宅。在乌衣巷,凝固的时间释放出奇妙的能量,让看似普通的江南小巷况味悠长。乌衣巷的一砖一石,都与王导、谢安两大家族以及东晋的历史紧密相连,书圣王羲之、山水诗派鼻祖谢灵运也都曾居住在这里。东晋风流人物也尽在乌衣巷。隋文帝攻下南京后,乌衣巷变成了废墟,只剩下"旧时王谢堂前燕,飞入寻常百姓家"的叹咏。

金陵鸭肴甲天下

南京不似北京严肃，也不似杭州黏腻，南京是敦厚而市井的，生活和美食是这里的大事。吃鸭最讲究的地方当数南京，南京人都是吃鸭的老饕。作家葛亮曾在书中写过一段关于汪精卫的故事。汪精卫刚到南京时，钟情于美人肝，即鸭子的胰脏，它非常小且一鸭一胰，做一盘美人肝要40只鸭子，在当时很不易得。汪精卫拿它做夜宵，到晚上就用荣宝斋小笺自书：汪公馆点菜，军警一律放行。

南京流传着"三天不吃鸭，走路要打滑"的民间俗语，除了鸭毛，鸭身上的每一个部位都会被南京人完美利用，因为擅长烹鸭，"金陵鸭肴甲天下"之名不胫而走。鸭血粉丝汤则是鸭宴翘楚，它为南京注入了滚烫的灵魂。

最地道的南京味道要去夫子庙寻，它既可以抚慰你的心灵，也可以满足你的味蕾。南京就是这样一个有意思的城市，文化、政治与美食、生活交织成网。夫子庙不仅是明清时期南京的文教中心，也是中国最大的传统古街市之一，与上海城隍庙、苏州玄妙观和北京天桥并称中国四大闹市。如今，夫子庙仍是南京最热闹的小吃街之一，在熙攘人群间，明清建筑旁点上一碗鸭血汤，"老板，加辣"。

夫子庙

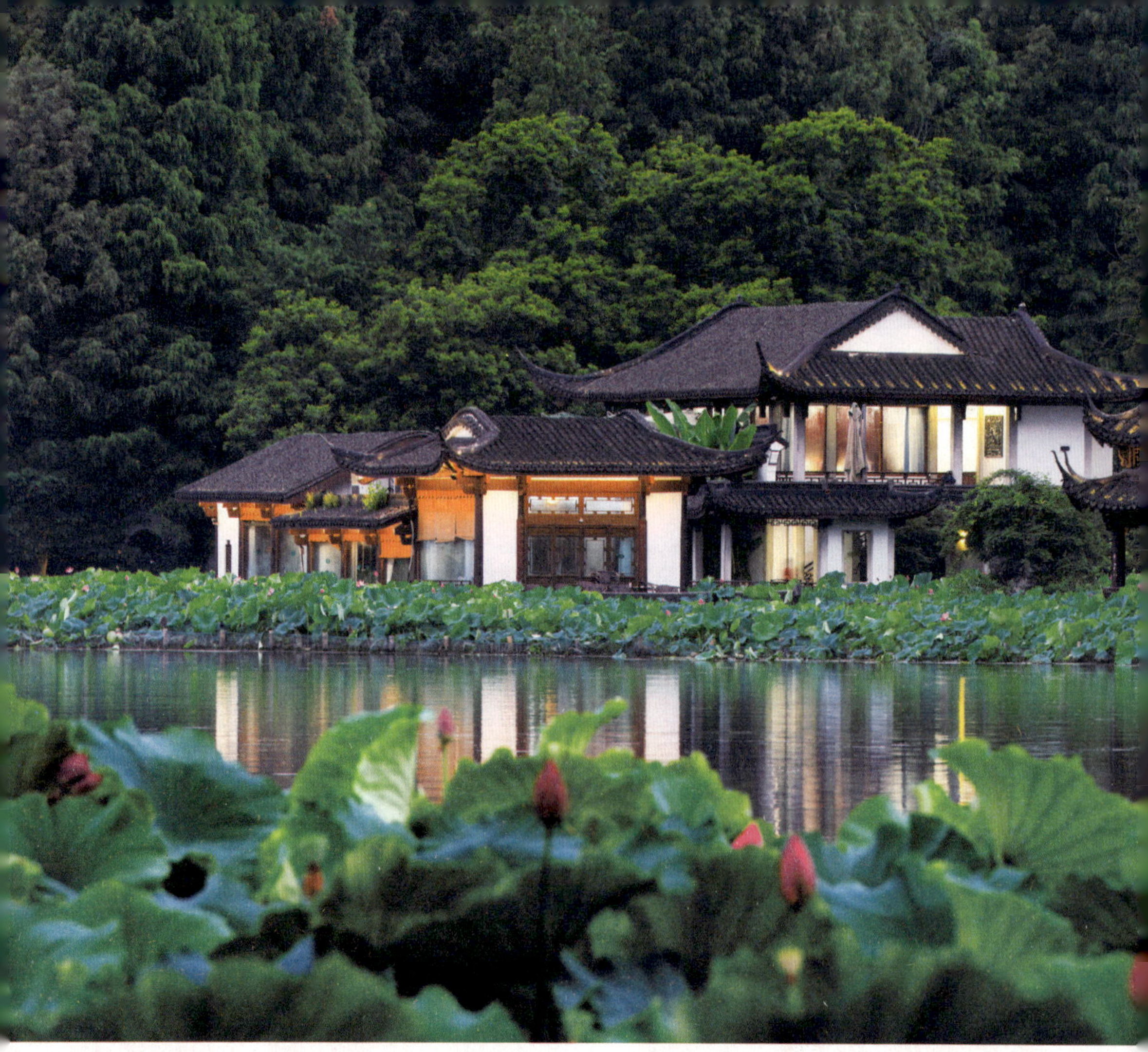

Xihu

西湖：淡妆浓抹总相宜

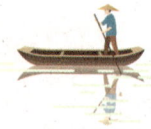

课文回放

水光潋滟晴方好，
山色空蒙雨亦奇。
欲把西湖比西子，
淡妆浓抹总相宜。

——苏轼《饮湖上初晴后雨》（人教版语文·三上）

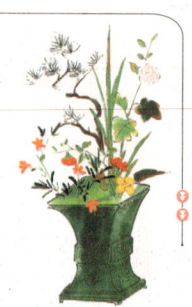

第一章 ·杏花春雨芳菲地·

▲ 曲院风荷

西湖十景之一。相传南宋时，洪春桥畔有一酿酒作坊，周边栽有许多荷花。每至夏日风起，酒香混着荷香扑面而来，沁人心脾，"曲院风荷"因此而得名。

我的名片

姓名：西湖
别称：武林水、钱塘湖、西子湖、明圣湖
位置：杭州市区西部
名人：苏轼、白居易、岳飞
景点：苏堤、白堤、断桥、雷峰塔、净慈寺

这里是落入繁华人间的一处静谧的天堂，用江南水墨勾勒出的烟柳画桥，风帘翠幕，三秋桂子，十里荷香。走进杭州西湖的眼眸，便会恋上它如诗如画的风景，恋上它故事里的漫漫柔情。

西湖位于浙江省杭州市西部，三面云山一面城，湖水被白堤、苏堤分隔，分别为外湖、西里湖、里湖、小南湖及岳湖等五个水域。三潭印月、湖心亭、阮公墩三个人工小岛锦上添花鼎立于外湖湖心。夕照山的雷峰塔与宝石山的保俶塔隔湖相映，由此形成了"一山、二塔、三岛、三堤、五湖"的基本格局。西湖的美丽动人不仅在于其外表的山水之胜、林壑之美，还在于它保存着众多文物古迹和深厚的历史文化内涵。因此，素有"天下西湖三十六，就中最好是杭州"美誉的杭州西湖，在2011年成为世界文化遗产，也成了杭州市的风景名片。

漫步西湖岸

西湖风景美不胜收，最负盛名的就是"西湖十景"，即苏堤春晓、平湖秋月、断桥残雪、雷峰夕照、南屏晚钟、曲院风荷、柳浪闻莺、花港观鱼、双峰插云、三潭印月。游玩西湖，可以随心从西湖边的任一地点出发，一路走下去，便是满眼多姿的风景，满心惬意的享受。

你的旅行可以从漫步白堤开始。白堤是西湖著名三堤之一，两边桃花嫣红，柳枝泛绿，一片生机盎然的景象。

白居易曾作诗云:"谁开湖寺西南路,草绿裙腰一道斜。"那时白居易在杭州做刺史,修筑过一条白公堤,后因湖面缩小而荒废,白公堤无迹可寻。但人们为纪念白居易为造福杭州百姓所做的贡献,将后来的这条长堤改为白堤。白堤中间的"锦带桥"使白堤远看起伏有致,像是姑娘腰上的柔媚锦缎,为西湖增添了不少韵味。行走在白堤上,西湖全景和周边诸山的景色一览无余,令人心情畅快。

　　白堤的尽头便是西湖景区中著名的断桥了。虽然看起来是很普通的单孔石拱桥,但白蛇与许仙的爱情故事却给断桥增添了浓郁的浪漫色彩,走到这里,便能情不自禁地想起邂逅爱情的美好。俗话说,西湖有三怪——孤山不孤、长桥不长、断桥不断。冬天的断桥,是观赏西湖的最佳之地。因每当西湖银装素裹之时,远观桥面,断桥在雪雾中似隐似现,美轮美奂。漫步断桥之上,犹如置身雪白的宫殿,四周寂静,只有踩雪时带来的沙沙声,静谧而绵长。

　　走过断桥,便到了西湖另一条长堤——苏堤。说到苏堤不得不提到苏东坡。当年苏东坡主政杭州,为疏浚西湖,带领百姓筑起了这条纵贯西湖南北的长堤,后人为缅怀他便将之命名为"苏堤"。苏东坡在此留下的诗句"欲把西湖比西子,淡妆浓抹总相宜",也成为描写西湖的千古绝唱。闲情漫步在苏堤,陶醉在醉人的景色里,谈情说爱也变得颇有韵味,因此苏堤也被称为"情人堤"。苏堤以早春晨曦初露时的景色最令人心醉,清康熙皇帝南巡杭州,品题西湖十景时,就以"苏堤春晓"为十景之首。

第一章 ·杏花春雨芳菲地·

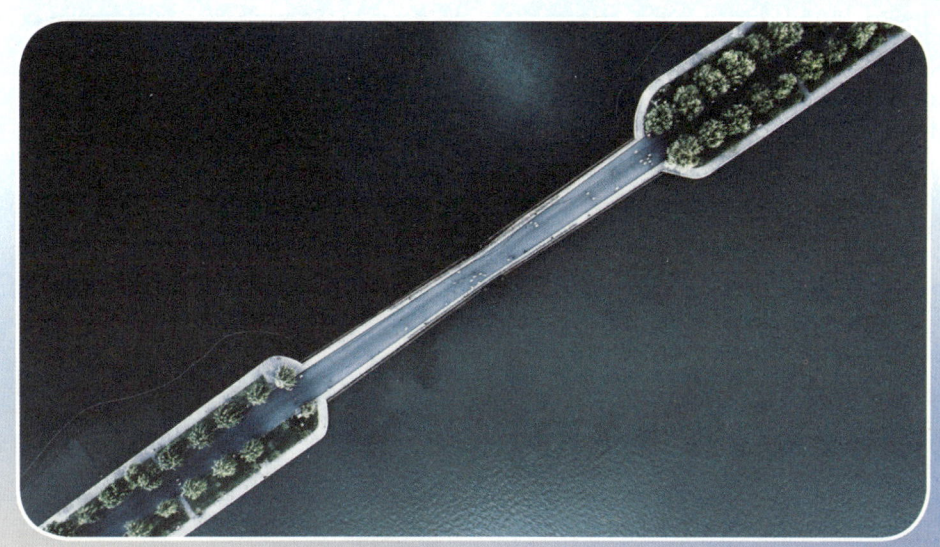

▲ 白堤
白堤宽阔平坦,杨柳依依,湖水澄澈,漫步其间舒适惬意。

行走于苏堤,远远望见湖对岸矗立着一座宝塔似的山,那便是宝石山了。无论是天晴还是微雨,宝石山远远望去就像朵朵彩霞飘浮在湖畔上空,山上那座高高耸立的宝塔就是西湖二塔中的保俶塔,与雷峰塔隔西湖相对,素有"雷峰似老衲,保俶如美人"之说。

如果你想看到传说中的雷峰塔,再往前走,看到那座金碧辉煌的塔便是了。这座记载着许仙、白娘子凄美爱情的宝塔,其实始建于五代吴越国时期,历史上确有其因为几度战乱遭受重创被纵火烧毁的记载,之后轰然倒塌。中华人民共和国成立后又在原塔遗址上重建,在

雷峰夕照

35

· 跟着课本去旅行 ·

西湖十景中，"雷峰夕照"是唯一毁损又恢复的景点。如今，它依旧屹立在西子湖畔，承载着历史的沧桑，集聚着世人的期盼，成为一种深情的坚守。

人在画中游

赏西湖，不坐船是一种遗憾，因为湖中有著名的三岛——湖心亭、阮公墩、三潭印月（小瀛洲），犹如我国古代传说中的蓬莱三岛。可以三四个人雇一只船夫手摇的船，划船徜徉在明镜似的西湖里，尽情地感受一番天地空灵的自然美。

游船可以先向小瀛洲出发，到达三潭印月景区。从空中俯瞰岛屿，全岛如一个特大的"田"字，构成了"湖中有岛，岛中有湖"的奇景。岛上有九曲桥、开网亭、竹径通幽和我心相印亭等景点。小瀛洲的精华在于岛南面的三座石塔，称为"三潭印月"。它原是苏东坡疏浚西湖后，在苏堤外湖中所立的三座石塔，后三塔被毁，到了明代，才又重建恢复了旧迹。每逢月夜，皓月当空，呈现出"天上月一轮，湖中影成三"的绮丽景色，真是一湖金水欲溶秋，有说不尽的诗情画意！

坐船在湖中还可以看到一座飞檐翘角的亭，那就是湖心亭，它不仅是亭名，也是岛名。湖心亭是西湖风景区中最大的一座亭，重檐歇山式的屋顶，全用金黄色琉璃瓦铺盖，四面厅落地长窗，富丽堂皇，古朴庄重。倘若站在湖心亭中极目远眺，水光山色辉映，美不胜收，乾隆皇帝也曾经对此处风光流连忘返呢！

与三潭印月、湖心亭鼎足而立的另一个湖中绿洲就是阮公墩。阮公墩始建于清嘉庆五年（1800），是浙江

▲ 三潭印月

三潭印月为西湖三岛中面积最大的岛屿，有"西湖第一胜境"之称。

巡抚阮元疏浚西湖时用湖中挖出的淤泥堆积而成，后人为了纪念他的功绩，取名为阮公墩。后来岛上进行了布局和营建，逐渐成为一处游览胜地，犹如西湖碧玉盘中一颗晶莹的翡翠，"阮墩环碧"景名由此而来。岛上旅游项目有垂钓和仿古夜游，是西湖夏季推出的特色旅游项目。

另外，西湖附近还有许多历史人文景点，比如灵隐寺。寺内大雄宝殿的释迦牟尼莲花坐像高达19.6米，规模气势宏大，堪称一绝。大雄宝殿左右两侧各立石塔，塔有九檐，平面正八边形，塔身雕有佛教故事及经文，故此双塔又称"经塔"。灵隐寺是因为济公而出名的，所以千万别错过了哦！

不容错过的当地美食

叫花童子鸡是杭州首选的地方菜。相传，古时朝政暴乱使得许多百姓沦为乞丐。某天，一个叫花子饿昏了，难友便给他搞来一只小母鸡，用烂泥包裹起来，放在篝火中煨烤，烤熟后，意外发觉此鸡异香扑鼻，十分好吃。从此，这一别致的煨烤法便传开了。杭州厨师不断改进，采用嫩鸡、绍酒、西湖荷叶等食材，并于鸡腹中填料，进行精细加工，使烤鸡香醇透味，成为人们喜欢的传统名菜。

西湖醋鱼也是杭州的看家菜，选用大小适中的草鱼，先用清水氽熟，掌握火候，装盘后淋上糖醋芡汁。成菜色泽红亮，肉质鲜嫩，酸甜可口，实属人间美味。

苏东坡在杭州为政的几年，也为当地留下了一道美食，这便是大家耳熟能详的东坡肉。东坡肉用猪肉炖制，一般是一块约二寸许的方形猪肉，一半肥，一半瘦，入口肥而不腻，带有酒香，十分美味。

此外，西湖的美食还有干炸响铃、宋嫂鱼羹、西湖莼菜汤、龙井虾仁等，土特产有一品南乳肉、杭州酱鸭、西湖龙井茶、西湖藕粉等，这些都包含着千百年来当地的风土人情与百姓的烹调智慧。

我的札记

"断桥"名字的由来

断桥位于里湖和外湖的分水点上，一端跨着北山路，另一端接通白堤。断桥之名得于唐朝，其名由来有两种说法：一说孤山之路到此而断，故名断桥；一说段家桥简称段桥，谐音为断桥。断桥是民间爱情传说《白蛇传》中白娘子与许仙相会的地方。现存断桥是1941年改建，20世纪50年代又经修缮。桥东北有碑亭，内立"断桥残雪"碑，为西湖十景之一。

趣味游学之旅

大美杭州
Hangzhou

杭州话

在杭州老城区及其周边地区，人们除了说普通话外，还会说杭州话，这是吴语太湖片的方言之一，主要在杭州上城区、拱墅区、钱塘区、西湖区流行，堪称是杭州历史的活化石。杭州话以全浊音为特点，清浊对立，总共有30个声母、45个韵母以及7个声调。它是南宋时期中原地区方言和吴越方言碰撞交融后的产物，是吴越江南地区的重要代表方言之一。

灵隐寺

灵隐寺是我国古代重要佛寺之一，它始建于东晋时期，背面倚靠北高峰，正面和飞来峰相对，是江南禅宗的"五山"之一。从建筑格局来看，灵隐寺以天王殿、大雄宝殿、药师殿、法堂、华严殿为中轴线，两侧依次坐落着五百罗汉堂、济公殿、华严阁、大悲楼、方丈楼等建筑，总体格局和江南寺院的普遍布局大致相似。

钱塘江观潮节

每年农历八月十八前后，在杭州萧山钱塘江观潮度假村里，都会举行盛大的国际钱塘江观潮节。届时，除了能欣赏到海宁潮的奇特景象外，人们还能观看各种精彩至极的节日活动。在绚丽的舞台灯光的烘托下，火热的乐队表演会在这里拉开帷幕，一场无与伦比的音乐盛会，伴着海宁潮的壮观景象，带给人们极致的视听盛宴。

京杭大运河

作为世界上开凿时间最早、工程最大、里程最长的古代运河，京杭大运河是我国古代劳动人民的心血之作，也是一项能够象征我国文化历史的伟大工程。京杭大运河从杭州起，一路北上至北京，中间经过了浙江、江苏、山东、河北、天津等地，成功将海河、黄河、淮河、长江以及钱塘江这五大水系连通，是我国重要的南北交通大动脉。

千岛湖

千岛湖坐落在浙江省杭州市淳安县境内，是一片为修建新安江水电站拦截水流形成的人工湖泊，它和湖北黄石阳新仙岛湖、加拿大渥太华金斯顿千岛湖一起并称为"世界三大千岛湖"。由于千岛湖里的水质处于我国大江大湖水质之首，因此它便有了"天下第一秀水"的美称。在千岛湖景区，岛屿星罗棋布，大小岛屿一千多个，故名千岛湖。

杭帮菜

顾名思义，杭帮菜就是流行于杭州地区的菜系。它与宁波菜、温州菜、绍兴菜等共同构成传统的浙江菜系，是浙江饮食文化的重要组成部分。从口感来说，杭帮菜以口味清淡、咸中带甜为特色，代表性菜品主要有西湖醋鱼、东坡肉、龙井虾仁、笋干老鸭煲、八宝豆腐以及干炸响铃等。

杭州丝绸

杭州丝绸拥有十分悠久的历史，在距今数千年前的良渚时期，杭州丝绸就已经诞生了。作为杭州特产之一，杭州丝绸质地轻柔、色彩鲜美、品类繁多，涉及绸、缎、棉、纺、绉、绫、罗等十多个品类，两百多个品种，堪称我国传统丝织品中的佼佼者，也是我国国家地理标志产品。

西湖龙井

作为中国十大名茶之一，西湖龙井是杭州的特产之一，因产于杭州西湖龙井村而得名，是中国传统名茶，历史悠久。西湖龙井的茶叶扁平而光滑，色泽光润而嫩绿，香气清幽而馥郁，滋味甘醇而鲜美，曾被乾隆皇帝盛赞为"御茶"。可以说，和西湖美景一样，西湖龙井是人与自然和文化相融合的产物。

第二章 一路向北美千年

Xiaoxing'anling
小兴安岭：落雪的童话森林

课文回放

　　早晨，雾从山谷里升起来，整个森林浸在乳白色的浓雾里。太阳出来了，千万缕耀眼的金光穿过树梢，照射在工人宿舍门前的草地上。草地上盛开着各种各样的野花，红的、白的、黄的、紫的，真像个美丽的大花坛。

——董玲秋《美丽的小兴安岭》（节选）（人教版语文·三上）

　　祖国的地图像一只昂首挺胸的金鸡，在这只金鸡的鸡冠上，两座逶迤的山脉相连，恰好构成一个"人"字，这就是大兴安岭和小兴安岭。其中"人"字的一捺，就是小兴安岭。这里是祖国的东北边境线，纬度高，地势高，冬

第二章 ·一路向北美千年·

> **我的名片**
>
> **姓名：** 小兴安岭
> **别称：** 东兴安岭、布伦山、东金山
> **美誉：** 红松故乡
> **位置：** 黑龙江省中北部
> **名人：** 成吉思汗、努尔哈赤、老舍、萧红、迟子建
> **景点：** 五营国家森林公园、五大连池、桃山、大平台雾凇、红星火山地质公园
> **特产：** 猴头菇、蓝莓、木耳、榛蘑

Ⓐ **伊春仙翁山**

仙翁山位于小兴安岭东南麓，山下汤旺河与永翠河在此交汇。清晨薄雾弥漫，如梦似幻。

季漫长而寒冷，春秋气候多变，昼夜温差大。然而这样人迹罕至之处，却因其独特的地形地貌和气候条件，成了耐寒树木和动物的天堂。我们曾随着课文，步入小兴安岭的林海，感受林海的四季变换。今天，就让我们再度走入这座童话般的北方森林，看看会有怎样的奇遇。

东北边陲的林海雪原

在祖国的疆域最北端，一条大河流淌不息，隔开了祖国与接壤的邻国俄罗斯。大河的名字叫黑龙江。它所流经的土地，也以这条河的名字命名，叫黑龙江省。河流南岸的两条山脉，无声无息屹立在它的身侧，在祖国东北筑起一道屏障，默默陪伴着奔腾的河流。西边的是大兴安岭，东边的是小兴安岭。两条山脉环抱着肥沃的东北平原。发源于山上的河流，浇灌着这片沃土，让居住在这里的人们有了赖以生存的水源。山脉孕育着河流，河流滋养着生命。

北方山岭的冬天既冷又长，有时从十月就开始下雪，来年五月，方才有一点儿春天的迹象，算下来，将近半年都处在凛冽严冬中。从蒙古和西伯利亚高原一路奔袭至此的寒风，撞上连绵的山岭，和着水汽碎裂成雪花，铺出一片雪原。

虽然位于极寒之地，但小兴安岭并不荒凉。一般的花

🅐 伊春小兴安岭腹地秋季多彩的森林

草难以承受低温和风雪,无法在这片土地立足,耐寒的树木却在这里找到了自己的领地,并将自己磨砺成栋梁之材。小兴安岭是我国重要的林场。在小兴安岭腹地,著名的"林都"伊春市,有着世界上面积最大的红松原始林。伊春的大部分地区都是山林,以红松为主的百余种耐寒林木,遍布这座林业城市,千里松涛,辽阔壮观。每到秋季,自然赋予这些林木不同的色彩,装点着山林。全长 509 千米的汤旺河绕山而行,如一条玉带,映衬着苍穹与山林。

　　说到小兴安岭,就不能不提红松。小兴安岭被称为"红松故乡",世界上一半以上的红松都分布在这里。听到"红松"这个名字,大家想到的可能是像秋天的枫叶一样火红的松树林,但其实红松的叶子并不红,一年四季都是针状的绿叶。它叫作红松,是因为树皮裂开后,会露出红褐色的内质。红松是一种高大的树,高度可达 40 米,有十几层楼那么高,很多树的年龄都在百年以上。科学家说,从出土的化石来看,小兴安岭过去曾是一片海洋,现在的原始森林,是上亿年海陆变迁的结果。如此说来,寒冷雪原上挺拔的红松,正是自然历经漫长岁月演绎出的美。

　　林间活跃的松鼠、灰雀、星鸦,给这片山林增加了灵动的元素,也是红松的好朋友。它们以红松的松子为食,而红松往往依赖它们传播种子。松鼠们为了过冬,常常将松子储存起来,放在不同的地方。但并不是每一只松鼠都有好记性,它们常常忘记自己的小粮仓在哪儿。这些被遗忘的松子,在春天破土而出,慢慢生长,多年之后,又是一株参天大树。这就使得红松的领地不断扩展,终于有了现在的规模。

林间跃动的憨厚精灵

在东北,人们常用"像傻狍子一样"来形容一个人傻乎乎、单纯懵懂的样子。"傻狍子"到底是种什么动物呢?它又是怎么成了"傻"的代名词?如果你来到小兴安岭,在山林间偶遇一只呆萌的狍子,相信你也会感到,它看上去真的不太聪明的样子。

狍子是生存在东北山野丘陵间的一种中小型鹿,在小兴安岭地区尤为常见。它之所以被认为"傻",有几个原因。其一是它受惊时的炸毛白屁股。狍子天生有个心形的白屁股,尾巴周围一圈儿都是白毛,看上去十分显眼。它们受到惊吓时,这一圈儿白毛会炸起来,这颗"心"一下子显得蓬松立体起来,看上去傻乎乎的,更加显眼了。据说,狍子炸毛其实是为了警示身边的同伴,让它们也能及时察觉

▼ 田野里的狍子

危险。其二，狍子发现危险，不会立马逃跑，而是一下子呆住，还需要反应一会儿："咦，发生了什么呀？"反复确认周围情况后，"哦，原来有危险呀"，才猛地想起逃跑。不仅如此，逃跑后不久，它们还会回到有危险的地方查看情况："刚刚那是什么呀？现在安全了吗？"猎人们遇到狍子逃跑，不会着急追赶，在原地埋伏就可以等到返回的狍子。据说，如果猎人追赶狍子，跑累了停下休息，狍子还会在不远处等着，等猎人休息够了，继续追赶时再跑。其三，在山林间的公路，看到汽车灯光，它们不知道应该躲避，还经常好奇地凑过去，甚至追着灯光跑，想要看看到底是什么在发光，有时甚至莽撞地撞上车子。

这样独特的性格，在我们看来呆萌可爱，但对狍子来说，这些习性，往往被那些想要伤害它们的人利用。由于人们大肆捕杀，现今小兴安岭的狍子数量已经少了很多。2000 年左右，狍子被列为国家二级保护动物，禁止猎捕和买卖。

这些憨厚可爱的精灵，它们属于自然，属于小兴安岭莽莽苍苍的山林，而不该属于人们的餐桌和工厂。

▲ 老黑山火山口

▼ 五大连池火山

火山的山体同周围遍布的火山矿泉一同构成了五大连池独特的火山景观。

天然火山博物馆

在小兴安岭东南侧，由山地向松嫩平原的过渡带上，分布着一系列火山。在遥远的过去，这些火山时不时发怒，炽热的岩浆喷涌而出，把悬崖变成湖泊，让湖底立起石山，彻底改变了这一带的地形地貌。这是一个漫长的过程，跨越数百万年光阴。其中最年轻的火山——老黑山，距离上一次喷发也已经有约三百年之久。

位于此处的五大连池，就是典型的火山地貌。火山喷发的熔岩阻塞了河道，把原本浩无边际的河面分割成五个相连的湖泊，这就是五大连池。这样形成的湖泊被叫作"堰塞湖"。五个湖泊虽然相连，但由于湖底的沉积物不同，湖水颜色并不一样，有的淡绿，有的棕黄，有的黄中透绿。从高处看，五个湖泊仿佛五块颜色不一的宝石，散落在苍翠山林间。真让人怀疑，当初女娲炼五色石补天的时候，是不是不小心把宝石遗落在了这里？

燕山湖西侧的老黑山,是这一带火山中最高的一座。据清代历史记载,这里本来没有山,是一片低洼的池沼,突然有一天,平地起火,石块飞腾,声震四野,从地下飞出黑石、硫黄,热气逼人,经年不绝,最后竟然堆积成了一座黑色的石山。

今天,站在老黑山上,四周是熔岩蜿蜒流动形成的黑色"石龙",脚下深邃的漏斗状火山口,仿佛就是黑龙拔地而出的巢穴。难怪当地人也叫它"黑龙山"。不同形态的黑色熔岩铺开数十千米,形成壮观的翻花石海。远望五大连池,碧波千顷。这片遍布火山痕迹的土地,简直就是一处天然的火山博物馆。

我的札记

○ 你知道"放排"吗?

小兴安岭的春天,人们会看到溪流里一根根原木随着流水往前淌,这是怎么回事?原来,小兴安岭春夏秋气候潮湿,林间道路湿滑不好走,树木枝干水分含量大,不好砍伐,因此冬天才是伐木的季节。但冬季积雪封山,交通不便,伐木工人在深林中砍下原木,很难运送出山。于是他们将原木运到邻近的河边,放置在结冰的河面上。等到春天,冰消雪融,河流解冻,流水自然将原木运送下山,这就叫作"放排"。

Hulunbeier caoyuan ☀

呼伦贝尔草原：清纯的梦乡

课文回放

　　这次，我看到了草原。那里的天比别处的更可爱，空气是那么清鲜，天空是那么明朗，使我总想高歌一曲，表示我满心的愉快。在天底下，一碧千里，而并不茫茫。四面都有小丘，平地是绿的，小丘也是绿的。羊群一会儿上了小丘，一会儿又下来，走在哪里都像给无边的绿毯绣上了白色的大花。

——老舍《草原》（节选）（人教版语文·六上）

第二章 ·一路向北美千年·

我的名片

姓名： 呼伦贝尔草原
名字由来： 因其境内有呼伦、贝尔两湖而得名
美誉： 北国碧玉
位置： 内蒙古自治区东北部的呼伦贝尔市
面积： 约 9.3 万平方千米
特色： 蒙古包、马奶酒、烤全羊

🅐 蒙古包

零星散落的蒙古包好似朵朵白花，绽放在一望无际的草原上。

草长莺飞、郁郁葱葱的草甸上，星星点点的羊群散布其中，低沉的马头琴声时常响起，善良的牧民们世世代代生长在这片草丰水美的土地上。天苍苍，野茫茫，风吹草低见牛羊……置身呼伦贝尔，仿佛世间的喧嚣都不复存在。

呼伦贝尔，当你踏上这方水土，就会发觉城市的灯红酒绿也不过如此。宽广无垠的草原，如今是一片平静与祥和。但是千百年前，鲜卑、契丹等部族曾在这里驰骋疆场。碧绿的草原是如此包容，在一片风和日丽中，将历史留下的创伤安然治愈，然后就只能看到蓝天白云和牛羊悠闲的身影。快乐放歌的牧民，长鞭甩起，引吭无数，骏马奔驰。

49

呼伦贝尔草原是世界上著名的大草原，中国最美、最纯净的草原，地域辽阔，绿波千里，犹如一幅巨大的绿色画卷，无边无际。草原上，湖泊星罗棋布，蓝天白云、弯弯河水、茵茵绿草、群群牛羊、点点毡房、袅袅炊烟，清新宁静。置身于美丽的大草原之中，人的胸怀陡然开阔，躺在青青的草甸上，心是那么悠远，仿佛飘入了天际。

有人说呼伦贝尔草原的风景在路上，而不在要去的地方。漫步草原，那种柔软而富有弹性的感觉非常奇妙。在绿草与蓝天相接处，牧人举鞭歌唱，路看不尽、走不完。重重叠叠的绿，随着天色的变化、云彩的飘动，或浅或深，层层涌向远方，直至天边。

⊙ 蒙古包内部

美丽的呼伦贝尔风光中，河流与星罗棋布的湖泊是一抹夺人眼球的风景。特殊的地理环境，造就了这里别具特色、千姿百态的河流。

呼伦湖，就像一位不食人间烟火的女子，至今仍保

持着古老与原始的风貌。站在湖边,感受着她的纯净,享受着湖天一色的别致,周边是一望无际的碧野,每逢湖风吹过,那带着花香的气息令人心旷神怡。

行走在呼伦贝尔,对于北国,又多了几分感慨。那一片古朴与自然,如一缕淡淡的馨香,在脑海中,再也挥之不去。

来到呼伦贝尔草原,不妨做一天的牧民,体会一下原始、淳朴的蒙古族风情。在莫日格勒河畔,有一个"金帐汗蒙古部落",金帐汗部落的布局,就是当年成吉思汗行帐的缩影和再现。在这里可以住进自己亲手搭建的蒙古包,可以品尝自己亲手烤制的牛羊肉,喝一杯醇香的奶茶和美酒,吃一顿鲜嫩的手抓肉……

芳草鲜美,花朵娇艳,河流纵横,在这样的情境中,成群的牛羊似乎也变得更加快乐,奶茶的香气仿佛也变得更加扑鼻。

无边的云、无边的绿、无边的水,这无边的呼伦贝尔草原,蕴含着无边的韵味。来到这里,你会迷失,忘了时间。呼伦贝尔草原是一方净土,是希冀中的天上人间,是我们不经意间失去而又千方百计觅回的理想家园。

▶ 草原上的马匹

奔腾的骏马,是草原人的坐骑,骑马在草原驰骋一番,才算是领略了真正的呼伦贝尔草原。

黄河：中华文明的母亲河

Huanghe

课文回放

君不见黄河之水天上来，奔流到海不复回。
君不见高堂明镜悲白发，朝如青丝暮成雪。
人生得意须尽欢，莫使金樽空对月。
天生我材必有用，千金散尽还复来。
烹羊宰牛且为乐，会须一饮三百杯。

——李白《将进酒》（节选）（人教版高中语文·选修上册）

我的名片

姓名：黄河
名字由来：因河水黄浊而得名
美誉：中国母亲河
全长：5464 千米
流域面积：75.24 万平方千米
特色：羊皮筏子、黄河母亲塑像、壶口瀑布

▶ 巴颜喀拉山主峰的壮美风光

距今1200多年前，一代诗仙李白站在黄河岸边，望着奔流不息的黄河水，发出了"君不见黄河之水天上来，奔流到海不复回"的慨叹！就是这样一条如同从天上流下来的河水，孕育了传承数千年的中华文明，哺育了一代又一代中华儿女，让他们在生生不息的江河奔流中，感受烙印在中华民族血液里的文明和精神。如今，浩浩荡荡的黄河水，依然在这片古老而伟大的土地上奔流，当我们伫立黄河边，眺望它的源头，俯瞰它的流向和归宿，一段有关中华文明的历史，就这样慢慢浮现了！

高原上的美丽传说

在我国北方大地上，一条大河从这里蜿蜒流过，她从有着"世界屋脊"之称的青藏高原倾泻而下，一路向东呈"几"字形流向渤海，中途经过青海、四川、甘肃、宁夏、内蒙古、陕西、山西、河南以及山东，是我国北方地区最重要、最长的一

条河流，也是世界长河之一。这条大河的名字叫什么呢？

这条大河，名叫黄河，她是中华文明的发源地，也是黄河流域文明的摇篮，在中华儿女心中，她还有一个更加亲切的称呼——母亲河！

黄河的源头，是位于青藏高原巴颜喀拉山北麓的约古宗列盆地，与黄河入海时的波澜壮阔之景不同，黄河的源头是一眼面积只有几平方米大小的泉水，她就像是一个含情脉脉的温婉少女，静静地停留在青藏高原之上。

关于黄河源头，还有一段优美的传说呢！

相传，在很久很久以前，天上有一个名叫卓玛的仙女，她是王母娘娘最宠爱的女儿，每天在天宫里无忧无虑地生活。时间久了，卓玛渐渐厌倦了天宫里的生活，她开始对人间感兴趣了。

于是，某天夜里，卓玛乘着云雾，悄悄来到青藏高原上的巴颜喀拉山，看到这里绿草繁茂、鲜花绽放的美景，卓玛一下子就喜欢上了这里，她尽情地在山上游玩，累了就躺在鲜花丛中的彩色石头上休息。

就在卓玛闭着眼睛休息时，一个名叫扎陵的藏族小伙突然出现，他身上背着弓箭，手里拿着一张弓，正在四处搜寻猎物。当他看到躺在花丛里的卓玛后，一下子就被眼前这个美丽的女孩吸引了，而卓玛也被扎陵帅气英俊的模样吸引了。

很快，卓玛和扎陵就互相喜欢上了对方，他们在位于山脚下的扎陵家里一起生活，日子过得非常幸福快乐。

然而，没过多久，王母娘娘就发现卓玛偷偷下凡，于是派出天兵天将来抓她。无论天兵天将如何劝说甚至是威胁，卓玛都不愿意回到天宫，最后，天兵天将按照王母娘娘的吩咐，将一个木盒扔到卓玛头上，卓玛瞬时晕倒。

等卓玛醒来后，她却染上了重病，这是王母娘娘对她的惩罚。为了给卓玛治病，扎陵不顾艰难险阻，独自去天山采长在山顶上的红花。就在扎陵离开期间，一个男子为了让卓玛和他在一起，故意骗卓玛说扎陵在半路上被老虎咬死了。

卓玛一听，立马拖着病重的身体朝天山出发，她誓死也要找到扎陵的尸体。就这样，卓玛一连走了三天三夜，最终实在走不动了，就在巴颜喀拉山北麓的约古宗列盆地里晕倒了。

最终，扎陵成功从天山顶上采到了红花，当他往回走到约古宗列盆地时，却在那里发现了奄奄一息的卓玛。此时的卓玛已经没办法开口说话，她看着眼前的扎陵，默默地流下眼泪，而扎陵也跟着悲痛地大哭起来。

就这样，卓玛和扎陵一直哭了三天三夜，在第四天早上，伴随初升的太阳，卓玛的身体变幻成一股清泉，这就是黄河源，而扎陵也变成了卓玛旁边的一个湖泊，名为扎陵湖。清澈的泉水从黄河源里流出，而后流经扎陵湖，继续一路向东流去，最终变成一条宽广的河流——黄河！

黄河第一湾

当黄河流经我国北方大地时，因为受到地理地势条件的影响，它呈一个大大的"几"字形，在流经四川省阿坝藏族羌族自治州若尔盖县唐克镇时，出现了有着"九曲黄河第一湾"之称的大弯道。

黄河第一湾位于四川、青海和甘肃三省的交界地带，黄河流经此地时，宛如一条仙女飘带，缓缓地落在大地上，将两岸的山麓一分为二，"九曲黄河第一湾"的美景就这样形成了。

俗话说：不到黄河心不甘！九曲黄河第一湾的美景，享誉海内外，天南地北的游客不顾旅途劳累，一路登上索克藏寺背后的山坡，在这里一览黄河第一湾的美丽景色。

在九曲黄河第一湾上，分布着许多如同小岛一般的丘状高原，成片的红柳林将这里装点成一片丛林乐园，锦鸡、黄鸭、野兔、丹顶鹤、黑颈鹤等野生动物，在这里尽情嬉戏。

○ 九曲黄河第一湾
此处河流蜿蜒曲折，虽水流平缓，却仍不乏磅礴气势。

每到日落时分，黄河第一湾上又会呈现出"落霞与孤鹜齐飞，秋水共长天一色"的美景，伴着缓缓落下的夕阳，河面上的岛屿被拉长了身影，整片河谷在夕阳余晖的映照下披上了金黄色的外衣，显得格外光彩夺目。此时，丛林里的热闹景象渐渐落下帷幕，动物们全都安静了下来，随着夕阳的渐渐消失，一个属于黄河第一湾的静谧的夜晚，即将到来。

值得一提的是，九曲黄河第一湾所在的地区，是我国国家高寒湿地保护区，也是我国三大名马之一的河曲马的故乡。或许是因为有了黄河水的滋养，河曲马体形高大、肌肉丰满，堪称是马中精品。当黄河呈S形从这里流过时，河曲马正在弯道旁的草原上昂首奔驰，它们和黄河之间虽然隔着层层丛林，但却一样马不停蹄地向前奔驰，朝着心中的目的地前进！

千里黄河一壶收

和九曲黄河第一湾齐名的壶口瀑布是黄河上的另一处壮丽景观。

壶口瀑布坐落在陕西省延安市宜川县壶口镇和山西省临汾市吉县壶口镇的交界地带，是这两个省份共有的旅游资源。当奔腾的黄河水流到此处，随着石壁峭立的地形变化，黄河如同流入了一个形如壶口的河口地带，原本宽达500米的河面，一下子被收紧，在短短的流程里，被压缩成30～50米的宽度，变成细窄而湍急的急流，从高约20米的壶口倾泻而下，形成"千里黄河一壶收"的壮阔景象。

关于壶口瀑布，民间流传着许多悠久的传说，其中最为人们津津乐道的，当然要数"禹凿孟门"的传说。

传说在很久以前的尧舜时期，壶口一带经常会发生黄河水患，由于孟门山的拦阻，流经此处的黄河水经常决堤，导致周边地区出现严重的洪灾。眼看着百姓饱受

壶口瀑布

河曲马

洪灾之苦，大禹临危受命，开始主持黄河水患的治理工作。他亲自来到壶口地区，实地勘察这一带的地形特点，最终想出了疏通河道的治理之法。

由于孟门山刚好坐落在龙山北侧，大禹便从它入手，开始在这座山的两侧挖通河床，为了不让洪水淹没孟门山，大禹还命人在山顶凿刻了"镇河石牛"。最终，黄河水成功从孟门山两侧的河道里流过，不仅没有淹没孟门山，而且也不再泛滥成灾了。

我的札记

晋陕大峡谷

作为我国最美的十大峡谷之一，晋陕大峡谷坐落在陕西、内蒙古和山西三省交界的地方，北岸是内蒙古的清水河县，南边和山西的偏关县相邻，西边和内蒙古鄂尔多斯高原的准格尔旗相邻。奔腾的黄河水在晋陕大峡谷蜿蜒穿行，形成一段长100多千米的弯曲河段，两岸悬崖耸立，水石相击，诗仙李白笔下的"黄河西来决昆仑，咆哮万里触龙门"的壮丽景象，顷刻浮现。

古都西安
Xi'an

秦腔

秦腔又被称作"梆子腔",是我国汉族地区最古老的戏剧形式之一,主要流行于陕、甘等西北地区,由于这两个地方在古代属于秦国,因此便有了"秦腔"的称号。秦腔的戏剧角色主要以四生、六旦、二净、一丑为主,统称为"十三头网子",表演绝活主要有趟马、拉架子、吐火、扑跌、扫灯花、担水、梢子功等,可以说是自成一家。

关中八景

关中八景,指的是分布于古都长安以及咸阳、宝鸡、渭南等地的八处风景胜地,分别是华岳仙掌、骊山晚照、灞柳风雪、曲江流饮、雁塔晨钟、咸阳古渡、草堂烟雾、太白积雪。在西安碑林里,有一块距今三百多年的石碑,上面以绘画的形式刻画了关中八景的锦绣风景,同时给每一处风景配上了优美的诗文,诗画一体,美景自成。

西安城墙

西安城墙是我国现存规模最大、保存最完整的古代城垣,它坐落在陕西省西安市的中心区,在唐长安城的皇城和元代奉元城基础上扩建而成,整体呈一个封闭的长方形,总周长为13.75千米,是古代西安的军事防御工事。目前,西安城墙现有城门共18座,其中以永定门、安远门、长乐门和安定门四座城门为代表。

石鲁

长安画派

长安画派是我国国画中的一个重要绘画派别,代表画家主要有石鲁、赵望云、李梓盛、康师尧、何海霞、方济众等,绘画题材多以山水、人物、花鸟为主,尤其擅长展现西北地区的风土人情和自然风光,将黄土高原上的人情风貌刻画得淋漓尽致。

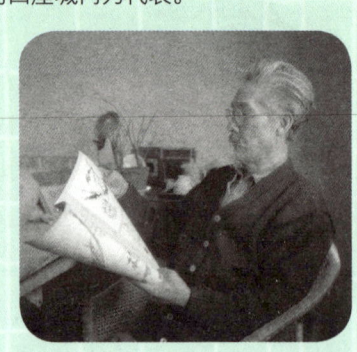

牛羊肉泡馍

　　作为陕西地区的传统风味小吃，牛羊肉泡馍是古都西安的代表性美食。牛羊肉泡馍的制作工艺十分考究，选取优质的牛羊肉、牛羊骨，再配以花椒、大茴、草果、桂皮等佐料，大火熬煮数小时，然后配上美味的热汤、烙饼，一碗香气四溢的牛羊肉泡馍就出锅了。吃的时候，从碗边开始一点点吃，这样既能保持整碗牛羊肉泡馍的鲜美，又能让人吃了回味无穷，满口余香。

秦始皇陵兵马俑

　　作为世界第八大奇迹，秦始皇陵兵马俑位于西安市临潼区秦始皇陵东垣墙一千米的兵马俑坑内，它们是秦始皇陵里的陪葬品，也是我国古代辉煌文明的金字名片。从塑造工艺上来看，兵马俑采用了绘塑结合的方式，以巧妙的构图、灵活的技法以及传神的雕刻，为世人展现了一个气势恢宏的地下军团，堪称是世界八大古墓稀世珍宝之一。

大雁塔

　　大雁塔又被称作"慈恩寺塔"，是为了保存玄奘从印度带回的经卷佛像而特意修建的佛塔。作为我国现存时间最早、规模最大的唐代四方楼阁式砖塔，大雁塔融合了古印度佛寺建筑和我国古代传统佛寺建筑的特色，向世人呈现了一座规模和气势兼具的佛塔建筑，是我国古代劳动人民的智慧结晶。

大明宫遗址

　　在西安市太华南路，坐落着大明宫遗址。这座宫殿原名永安宫，最初是唐太宗为父亲李渊修建的避暑夏宫，中途因李渊病逝而停工，后经唐高宗时期的扩建，更名为蓬莱宫。宫城内由宫墙划分为前朝和内庭。前朝自南向北主要由含元殿、宣政殿和紫宸殿三座大宫殿组成，是唐王朝的统治中心。

Tulufan ☀

吐鲁番：火焰中流淌的翡翠

课文回放

　　新疆吐鲁番有个地方叫葡萄沟，那里出产水果。五月有杏子，七八月有香梨、蜜桃、沙果，到了八九月份，人们最喜爱的葡萄成熟了。

　　葡萄种在山坡的梯田上。茂密的枝叶向四面展开，就像搭起了一个个绿色的凉棚。到了秋季，葡萄一大串一大串地挂在绿叶底下，有红的、白的、紫的、暗红的、淡绿的，五光十色，美丽极了。

——权宽浮《葡萄沟》（节选）（人教版语文·二上）

　　吐鲁番，光是听到这个名字，就好像靠近了一簇热烈的火焰。
　　这片亚洲腹地的绿洲，有着精美和粗犷的表象，也有着冷静和狂热的内核。

→ 盛夏时的火焰山呈现出一种独特的赤褐色，砂岩灼灼闪光，炽热的气流翻滚上升，就像熊熊烈焰，火舌燎天。

我的名片

姓名： 吐鲁番
古称： 西州、火州、交河
位置： 新疆维吾尔自治区中东部
面积： 7 万平方千米
景点： 高昌故城、交河故城、火焰山、葡萄沟、艾丁湖
特产： 葡萄、葡萄干、葡萄酒、黑羊、哈密瓜

它是全国海拔最低、最热、最干、最甜的地方，也是东西方文化荟萃的丝绸之路的必经之地。那火焰的味道恣意张扬着，穿越戈壁、草地和山谷，你接近它的渴望越强烈，你需要投身它的勇气也就越大。

"热极火洲"的红色火焰

吐鲁番是一个具有 2200 多年历史的古老城市，同时也是中国最干旱的地方。人们对这座城市最深的印象莫过于火焰山了，每到夏季，空气中翻滚着阵阵热浪，炙热的阳光从空中倾盆而下。吐鲁番的四周都是高山，中间是低洼盆地，是我国海拔最低的地方，特殊的地形致使太阳产生的光热很难散发出去。

每年一百多天的高温天气，最高气温超过 47.6℃，年日照 3095 小时，年降水量只有 16 毫米，而蒸发量却高达近 3000 毫米。这些数据成就了吐鲁番，让它获得了"火洲"的别称。

唐代诗人岑参曾经写道："暮投交河城，火山赤崔巍。九月尚流汗，炎风吹沙埃。何事阴阳工，不遣雨雪来。"这首诗描写了吐鲁番典型的大陆性干旱荒漠气候，它确实是名副其实的"中国热极"。

火焰山是吐鲁番极热的典型符号，这座山位于吐鲁番盆地的中北部，海拔约 500～600 米，最高海拔 882 米。在维吾尔语中，火焰山被称为"土孜塔格""吐斯塔格"，意思是"红色的山峰"。

山不在高，有仙则名。火焰山的海拔虽然不高，但却闻名海内外。最著名的"事迹"莫过于古典文化名著《西游记》中第 59 回所描写的"唐三藏路阻火焰山，孙行者一调芭蕉扇"的故事了。小说之中的火焰山无春无秋，四季皆热，有八百里火焰，附近寸草不生。如果想要越过火焰山，就算是铜头铁身也会化成汁。唐僧师徒经

⚑ 火焰山古堡

⚑ 吐鲁番火焰山

过一番努力翻越火焰山的故事在各民族之中广为传播，让火焰山成了天下奇山。

事实上，火焰山形成于喜马拉雅造山运动时期，它的北部有海拔 4000 米以上的天山，终年白雪皑皑。火焰山南侧也有盆地，其中的艾丁湖低于海平面 154 米。夏日到来的时候，盆地吸收的太阳能久聚不散，加上干燥少雨，气温居高不下，才造就了这样一座火焰山。

来到火焰山脚下，一眼望去，重峦叠嶂，山势交错纵横。红色的山体在阳光的直射下，仿佛放射着火焰。放眼望去，可以看到远处的山脉绵延，却看不到一丝一毫的绿色。红色的山体虽然不是特别高，但想要攀爬上去却很难。因为天气实在炎热，很多人都只是在路边稍做停留，拍完照后就离开。

与火焰山的隆起相伴而来的，是吐鲁番盆地南侧绵延不绝的库木塔格沙漠，还有世界第二洼地艾丁湖。一隆起、一倒伏、一凹陷，一赭红、一金黄、一玄白，它们的共生共存，让吐鲁番拥有了最壮观的西部美景。

1989 年，景区修造了唐僧取经群塑，形态生动、表情逼真，成为来此观瞻的中外游人必去的观赏点。如今，"真经"已经取回来了，火焰却还在燃烧着。

凝固火焰中流淌的翡翠

吐鲁番作为一个东西方文明交汇地，源源不断地受到各种文化的熏染，丰富的历史遗迹和无数的稀世珍品，是这片土地的无价之宝。

历史上著名的西域大都会高昌故城和保存较为完整的城市遗迹交河故城，如今虽然已成为一堆废墟，但依旧富有魅力。阿斯塔纳古墓从幽冥世界重见天日，成为地下博物馆。地上的苏公塔耸立在蓝天之下，昭示着这片土地上的各族人民将永远共同热爱和保护自己的家园。柏孜克里克石窟和火焰山其他沟里的石窟寺群，让吐鲁番成为中亚地区佛教和佛教经典的最后守护者。

高昌故城位于吐鲁番市东南的火焰山脚下，是新疆境内最大的一座历史文化名城。高昌城起源于西汉时期的屯垦戍堡，从开始的军事据点，逐渐发展成为郡县级城市和地方政权的都城。经过漫长的历史时期，约1400多年的发展，高昌从高昌壁、独立建国、元朝附庸国，最终逐渐失去了政治经济中心的地位，元末明初被毁于战火。

来到高昌故城，如今只能看到保留的城墙遗址。外城、内城和宫城三部分的城墙轮廓呈现出不规则的方形，周长约5千米，占地面积约200万平方米。有一半以上的墙体损坏严重，墙体普遍存在裂缝，可以看到多次修补的痕迹。

与高昌故城不同，交河作为一个王城来修建，是车师人依靠上苍的眷顾和自己的聪明才智完成的杰作，被称为"世界上最完美的废墟"。车师人并没有修筑壁垒森严的

▼ 高昌故城可汗堡

城墙，而是凭借着交河所处的天然地理位置与环境，在土崖上挖出了一座城。公元前60年，与匈奴"五争车师"后，汉王朝完全控制了吐鲁番。地处战略要地的交河，居高临下，易守难攻，有着天然的军事优势，这也让它在此后的1600多年里始终处于兵家相争、战火不断中，制约了城市经济和规模的拓展。

各种文化交汇和演变，成为时代的标识，高昌故城和交河故城的发展轨迹也是时代前进的足印。这里的名胜古迹犹如珍宝一样陈列在吐鲁番这个巨大的西域历史博物馆中，至今依旧熠熠生辉。

葡萄沟的甜蜜之旅

经过了酷日的炙烤之后，你最渴望的应该便是吐鲁番那香甜沁人的美味水果了。吐鲁番除了炎热的火焰山，田野之中还有葡萄、棉田、瓜地、果园，片片绿意，规整地平铺在这片土地上。田野附近的村庄里，葡萄架下，晾房上，庭院里，处处都缀满了

在吐鲁番经常可以看到成片的晾房，夏季时，鲜葡萄在晾房中晾三四十天就可以变成葡萄干。

绿色，那色泽鲜嫩的水果随处可见。这些美味在葡萄沟里汇聚，这里成为让人流连忘返的天堂。

葡萄沟是葡萄的海洋，这条长约8千米、宽约2千米的狭长平缓的峡谷，在两侧壁立万仞的崖壁的夹持之下，孕育出了茂密层叠的葡萄，绿荫铺地，依山延展，仿佛天上降落人间的奇景。

葡萄沟主要种植白葡萄、马奶子、红葡萄、日加干等数十个品种，由于盆地气候干燥、炎热，因此生长在这里的葡萄含糖量高，香甜多汁，备受欢迎。这里出产的无核白葡萄颗粒最大、甜味最浓，被称为"葡萄珍品"。

行走在漫山遍野的葡萄园，经常可以看到一种奇怪的房子，它的墙壁上留着许多小孔，很多人不知道它是做什么的。其实，它就是传说中的晾房，制作葡萄干所需要的一种特殊建筑。晾房一般用土块或者砖建造而成，晾房里有很多木架子，葡萄要运到晾房中去晾晒，小孔既可以让它保持通风，又能避免阳光直射，设计非常讲究。一串葡萄挂在架子上，利用空气的流动，蒸发掉水分，过不了多久就成了葡萄干。

火焰山上烈日炎炎，葡萄沟里绿水潺潺。葡萄沟夏季的平均气温比吐鲁番市内低 $3\sim5℃$。这里除了栽种葡萄以外，还有桃、杏、梨、石榴、无花果等，各种花果树木点缀其间，让人目不暇接，如入仙境。而居住在这里的民族也多种多样，维吾尔族、回族、汉族等民族和谐共居，演绎着古朴的民俗民风。

"火洲"吐鲁番之所以能够盛产农产品，与这里人民的勤劳分不开，更与他们的智慧分不开。吐鲁番的水源主要依靠北侧的天山、西侧的喀拉乌成山的雪融化供给，但炎热的天气让雪水流出山不久就消失在戈壁砾石之中。古代的吐鲁番人看到这一情况，发挥自己的智慧，利用盆地优势，将这里的深层地下水变成了浅层地下水，有效防止水分剧烈蒸发。规模浩大的坎儿井工程就此开展，这种独特的地下水道，利用地下水利灌溉系统，由竖井、暗渠两部分组成，为吐鲁番人提供了生存的基础。坎儿井虽然小，但功劳却不小，它和长城、大运河齐名，被称为"我国古代三大工程"之一。

"地下运河""地下长城"，这些美誉对于坎儿井来说都不过分，自出现以来，它灌溉了吐鲁番大部分的耕地，让沙漠变成了今天的绿洲。如今，全新疆有1600条以上坎儿井，全长不少于5000千米，其规模之大，让人赞叹。

吐鲁番就如同一个巨大的宝盆，承载着过往的历史，也孕育着今天的幸福。天山上的涓涓清流滋润了干旱的盆地，大风口的五道林木阻隔了肆虐的风沙，葡萄沟里的绿荫遮挡了毒辣的烈日，而维吾尔族人独特的歌舞艺术和民族风情，则将这一切都融合起来，演绎出了属于吐鲁番人的甜蜜生活。

雅鲁藏布大峡谷：超脱的王者

Yaluzangbu da xiagu

课文回放

那时候，雅鲁藏布江上没有一座桥，数不清的牛皮船被掀翻在野马脱缰般的激流中，许多涉水过江的百姓被咆哮的江水吞噬。于是，年轻的僧人唐东杰布许下宏愿，发誓架桥，为民造福。一无所有的唐东杰布，招来的只有一阵哄堂大笑。

——马晨明《藏戏》（节选）（人教版语文·六下）

即便是环境险恶、灾难频繁，它仍是"世界屋脊"上最为壮阔的一笔。

西藏成就了两个世界之最——珠穆朗玛是世界上最高的山峰，而雅鲁藏布大峡谷，是世界上最大的峡谷。高峰与深谷交错缠绵，强烈的反差中，举世无双的壮丽景观就这样映入眼帘。

从空中鸟瞰青藏高原，自雪山冰峰间流出的雅鲁藏布江，如一条银白色巨龙，在"世界屋脊"的南部奔腾不息。它琼浆玉液般的河水，不仅造就了沿江奇绝秀丽的景致，而且孕育出灿烂的藏族文化。

雅鲁藏布江是中国海拔最高的大河之一，下游围绕着喜

我的名片

姓名：雅鲁藏布大峡谷
名字由来：因地处雅鲁藏布江而得名
美誉：世界上最大的峡谷
位置：西藏自治区东南部，雅鲁藏布江下游
长度：504.6 千米
奇观：南迦大拐弯

马拉雅山,冲出一条马蹄形的大转弯。雅鲁藏布大峡谷的深度让科罗拉多大峡谷与科尔卡大峡谷望尘莫及,世界之最的地位坚不可摧。

雅鲁藏布大峡谷是智者,智慧地选择在这离天最近的地方,隐匿自己的灵魂。它从不外露,从不擅自去引导别人。它的故事中,总是载满了充满矛盾的喧嚣与宁静,总是在不经意的瞬间,让误闯它领域的人在惊慌失措中体验到那份震撼与伟大。

胸襟,是雅鲁藏布大峡谷的风范。它用广阔的胸襟去包容自然界的绮丽,它用辽阔的胸襟来感恩和回报这个空间。将恩泽淋洒于尘世,那份超脱,便在万物之上轻易地显现。

洗尽铅华,雅鲁藏布大峡谷就用这样一种方式与姿态思考着,就这样矗立着,亘古及今。

Ⓨ 雅鲁藏布大峡谷不只有奔腾不息的江水,还有成片的粉色桃花和远处白雪皑皑的雪山,美不胜收。

第三章

诗意氤氲总倾城

Lijiang
丽江：此心安处是吾乡

课文回放

  人们在桥上，在堤上，说着不同的语言。在不同的语言里，都有那个词频频出现：丽江，丽江。这时的丽江已经是一座很大的城了。城里也不是只有最初筑城的纳西人了。如今全中国全世界的人都要来丽江，看纳西古城的四方街，看玉龙雪山。

——阿来《一滴水经过丽江》（节选）（人教版语文·八下）

  每一个傍水而居的城市，定然有一种迷人的韵味，丽江也是其中之一。丽江给人以苍凉悲壮之感，但这里的古道、小桥、流水、人家，在白云悠悠的蓝天下，经过阳光的渲染，却洋溢出一股江南水乡般的清新秀丽来。

  丽江依山傍水，四周青山环绕，尤其是西北处，几座孤山高耸入天，就如同架笔台一般，与城内幽幽的绿水相映生辉，诉说着茶马古道上的历史。

穿行于城内的老街，踏着五花石铺砌的街道，你多半会深深爱上这个城市。尽管这座小城名声在外，小城到处充斥着现代都市的繁忙，人来人往，车水马龙，却并没有染上金钱的俗气，不但没有现代商业的喧嚣与浮华，反而悠悠地透出一股温文尔雅的气息来。街上的人或繁忙或悠闲地出街入巷，挑着担子的农夫，担着新鲜的水果、蔬菜，悠然地走着，没有一丝急迫，偶尔走累了，便在街口放下担子，席地而坐，休息一下；背着行囊的外来行者，也随意在街上漫步着，步履轻松，优哉游哉，形成了街道上一道独特的风景。

来过丽江的人，没有不知道四方街的。丽江城内的街道很神奇，虽然密乱如麻，但无论你怎么走，最终都会到达四方街。四方街虽叫"街"，实际上却是一个小广场，四四方方，犹如一颗方方正正的符印，守护着这座小城的四方。站在这里观望，大街小巷排列有序，四周客栈环绕，店铺鳞次栉比，人声鼎沸。随着拥挤的人流进入市集，触摸着散发古韵的铜器、瓷瓶，穿梭于现代与古老的时光之间，不禁轻问自己：这是在哪里？

待夜色降临，叫卖声、喧哗声随着落日的余晖逐渐远去，古老的青石板上，只留下一片皎洁的月光。此时，寻一家茶馆，静静坐下，看着茶杯中升起的氤氲水雾，听着茶馆中人们悠闲而散漫的低语，感受着空气中残留的白日跳动着的纳西族轻灵飘逸的风韵，静谧而安详。

丽江，就是这样一个地方，让人感觉如此舒适、自在，或许这也是人们爱上它的原因。

◉ 丽江束河古镇

走进束河，在闲情与诗意中穿过古镇的大街小巷，你可以在不经意间收获很多令人惊喜的宁静与优雅。

我的名片

姓名： 丽江
美誉： 高原姑苏
位置： 云南省西北部
面积： 约 2.12 万平方千米
景点： 丽江古城、玉龙雪山、束河古镇、蓝月谷、黑龙潭
特产： 华坪杧果、东巴木雕、丽江雪茶

Erhai ☀
洱海：和水中月秘密私语

课文回放

秋天的夜晚，月亮升起来了，从洱海那边升起来了。

是在洱海里淘洗过吗？月盘是那样明亮，月光是那样柔和，照亮了高高的点苍山，照亮了村头的大青树，也照亮了，照亮了村间的大道和小路……

——吴然《走月亮》（节选）（人教版语文·四上）

第三章 ·诗意氤氲总倾城·

> **我的名片**
>
> **姓名：** 洱海
> **名字由来：** 因湖形如人耳而得名
> **古称：** 昆明池、西洱海、叶榆泽
> **位置：** 云南省大理州大理市境内
> **面积：** 249 平方千米
> **特色：** 蝴蝶泉、崇圣寺三塔、大理古城

🅐 洱海

洱海静静地伏卧在苍山和大理坝子之间，苍山环着洱海，洱海枕着苍山，不知从何处飞来一群红嘴鸥，为这里增添了一抹亮色。

洱海是画中才有的高原湖泊，高原的太阳赋予这片水域以无限光感，在一片碧蓝的沧浪之上，水拍云崖暖。颠扑的水浪在视界里渐行渐远渐无穷，最终，在尽头飘着一线白云的地方接入高天，颜色却是水天一色的蓝，蓝得发亮，亮得能让人看见希望和未来事物的影子，清清楚楚。

"苍山雪，洱海月，洱海月照苍山雪。"

洱海在巍巍的苍山脚下，波光可鉴，无论阴雨绵绵的日子还是风和日丽的时候，湖水总那么清澈剔透，洗尽一切尘埃，兀自洁净。最惬意的时候，是听着那个古老的传说，依着湖水，端详天上的月儿和水中的月影私语。

据说，数万年前，天宫中有一位漂亮的公主，极其向往人间的幸福生活。于是下凡来到洱海边上的一个渔村，与一位渔民结成夫妻。公主为了帮助村里的渔民们过上丰衣足食的生活，就随手一抛，将自己心爱的宝镜沉入湖底。这样，鱼群被镜子照得一清二楚，渔民们就可以不费吹灰之力打到更多的鱼。从那以后，宝镜就在湖底变成了金色的月亮，放着耀眼的光芒，为世世代代的捕鱼人照明方向，那个镜子也成了闪耀大理的四大奇景之一——洱海月。

自古以来，月亮被不可计数的诗人、词人写成千古

流传的佳句。月亮本身的美不言而喻，可是洱海的月亮，却是别有风味的。明代诗人冯时可在《滇行纪略》中说，洱海之奇在于"日月与星，比别处倍大而更明"。月明之夜，乘一叶扁舟，邀上三两好友，划至湖中央，放开双桨，任小舟飘飘摇摇，随湖水微微摆动。而每到农历八月十五中秋节的晚上，居住在大理洱海边的白族人家都要将木船划到洱海中，举家欣赏倒映在湖中的金色月亮，或小饮取乐，或歌唱言欢，或轻舞助兴，或描摹梦想……此时的天光、云彩、月影和湖水相映成趣，宛如一幅优雅的画卷，画满了闲情逸致。

即使不在月圆如轮之夜，天空中依然有月儿摇着金色的手臂，清辉灿灿，一尘不染，仿佛刚从洱海中沐浴而出。湖水中，依然有清澈的倒影遥相辉映。看着看着，水天相接，交融一起，竟分不清是天月坠落，还是湖月升空。

洱海之美，还在于水。清晨，湖面上薄雾轻笼，烟

⓿ 洱海之中的小普陀，因其状如一颗圆形印章，又名海印。

波缭绕，迷迷茫茫的一片，朦胧奇幻；若等到日出东方，烟雾渐渐隐去，洱海就揭开了神秘的面纱，展露出秀美的面容；而后，朝阳升腾，湖面波光粼粼，或金黄，或银白，湖面上开始有渔舟扬帆，生机无限；夕阳西下，晚霞映照，归舟泊岸，渔歌唱晚，湖水又归于极度的平静；夜晚，微风拂水，涟漪荡出随意的波纹，互相推挤着涌上岸边。洱海的一天里充满了悠闲和洒脱，周而复始地流过一个又一个世纪。

每当风和日丽时，湖水就更如镜子一般了。举目远眺，苍山倒映水中，湛蓝的天空、纯白的积雪、碧绿的湖水、苍翠的山体相映生辉，偶有若隐若现的银色海鸥掠过水面，给人以宁静而悠远的感受，一幅水墨山水就不加雕琢地铺展在眼前，迷人到无以言表。这时泛舟洱海，就可以领略那"舟行碧波上，人在画中游"的深幽意境了。

在洱海，或湖边，或湖上，它那镜子般的湖面总会让人心旷神怡，神清气爽。仿佛一切的混浊和污垢都可以在接近洱海的一刻遁于无形，化为乌有。洱海，这颗"高原明珠"总是给人纯净之感。这纯净，足以让人为之感动，为之震撼。当带着满心的欢喜来到洱海之上，自身的欢喜便会变成双倍的欢喜；当带着一脸忧郁来到洱海之上，这恼人的忧郁就会被它的纯净所吸收。

洱海月，洱海水，不知让多少旅人迷失其中。那一刻，与其说心是纯净的，不如说心是空白的。一切景物好似皆在梦幻中，那山，那水，那平静如水的心情。

Riyuetan

日月潭：山自凌空水自闲

课文回放

　　日月潭是我国台湾省最大的一个湖。它在台湾省中部的山区。那里群山环绕，树木茂盛，周围有许多名胜古迹。

　　日月潭很深，湖水碧绿。湖中央有个美丽的小岛，把湖水分成两半，北边像圆圆的太阳，叫日潭；南边像弯弯的月亮，叫月潭。

——吴壮达《日月潭》（节选）（人教版语文·二上）

　　同是水光山色，这一泊潭水，却显得分外幽静。它像尘世中绝尘的一处仙境，矜持中尽显怡人姿态。

　　日月潭，一个美丽的名字，蕴含着一个动人的传说。

　　日月潭被水社山温柔地呵护着，被大尖山英勇地保卫着。这个台湾最大的天然湖泊，以美丽的风光与宜人的气候深受人们喜爱，并被冠以"台湾明珠"的美名。宝岛若是有仙女，一定出生在这里。日月潭本来分为日潭和月潭，两潭看似独立，却因为兴修水利而连为一体，从上空俯视，更是应了"明珠"的称号。

我的名片

姓名： 日月潭

名字由来： 岛的北面湖水形圆如日，南面湖水弯弯如月，因此得名

美誉： 台湾"八景"之最、海外别一洞天

位置： 台湾省南投县境内

面积： 7.73平方千米

景点： 文武庙、孔雀园、德化社

第三章 ·诗意氤氲总倾城·

相传，这汪潭水本叫"龙湖"，有一对恶龙居住在湖底。有一天，公龙飞身跃起，一口吞下太阳。夜晚月亮出现在天边，母龙也跃出水面，将月亮一口吞下。它们在潭里肆意游走，把太阳和月亮吞下又吐出，当成玩物，而人间，却因为太阳与月亮的消失变得漆黑一片。万物皆面临着死亡的危险。

这时候，英雄出现了，他们便是智勇双全的大尖哥与水社姐。他们悄悄地前往恶龙居住的岩洞，打探到恶龙最怕的是埋在阿里山脚下的金斧头与金剪刀。他们在黑暗中摸索前进，经历各种艰难险阻，终于拿到了这两样制胜法宝。大尖哥跳到潭中，

Ⓨ 烟波浩渺的日月潭

用金斧头砍得恶龙遍体鳞伤。水社姐适时而动,用金剪刀把母恶龙的肚子"咔嚓"一下剪成两段。日月就这样又重新回到了空中。为了保护潭水,大尖哥和水社姐从此便守护在潭的两边。就这样过了许多许多年,他们两个人竟然化作高山。大尖哥高而笔直,被人们称作"大尖山";水社姐俯首弯腰呵护着潭水,被人们称为"水社山"。

不知何时起,人们愈加发现湖北边的形状像是日轮,南边酷似新月,于是,将龙湖更名为"日月潭",以此纪念大尖哥与水社姐的付出。

站在日月潭边,除了仰慕之外还有深深的震撼。那环湖的碧色、那层峦的翠绿、那水面的辽阔,让人忍不住陶醉其中。清澈见底的湖水,在阳光下泛出粼粼波光,山的影子倒映在水里,温馨的场面让人动容。

湖中泛舟,让人如临仙境。"山中有水水中山,山自凌空水自闲。"有人这样赞美这片碧绿。优雅宁静中,心中与湖面一同漾起无限美好。

乘坐上游轮，湖中心的光华岛已经隐约现于视线当中。四方形的小岛，鹅卵石的地面，原来这里曾是邵族部落。居住在这样的地方，是不是会觉得自己已经羽化而登仙了呢？据记载，清朝时这里曾建有书院，在"九二一"大地震后，岛上的设施被损坏，在邵族人的争取下，这里成了他们祭祖的地方。

在环绕的群山中，到处是名胜古迹。文武庙便是其中的典范。在文武庙中，孔子与关羽共同被供奉，这样的情况非常少见。文武庙位于日月潭背面的山腰上，那里地势十分险要。站在文武庙向整个潭水眺望，阳光下湖面荡漾，柔和的风拂过面颊，使人身心愉悦。山脚到庙门处的 365 级石阶，象征着一年的时光。庙门楣处"崇文""重武"四个大字刚劲有力，透出庄严之气。

日月潭石碑

文武庙

在距离文武庙 2000 米左右的青龙山上，玄奘寺高高伫立其上。相传，玄奘寺内供奉着玄奘法师的一部分灵骨。"民族宗师"的字样高悬于寺中，以此来纪念玄奘法师西天取经的艰难历程，以此来表达人们对于他奔赴西天的崇敬。青龙山巅，慈恩塔跃然可见。这座塔依照辽宋古塔的八角式样而建，每层的檐尾部都挂着小钟，迎风作响，声音清脆，沁人心脾。

日月潭，身在台湾，心若置于仙境。每每流连，总让人身心愉悦。那样清幽的水色，那样碧绿的山峦，眺望之时，心中仿佛涌入无数潭水，冰凉宜人。

教师会馆与涵碧楼

我的札记

在日月潭的西北方，距离潭水口不远处，有一个探向湖面的小半岛，岛上已形成观光中心且有居民长期居住。教师会馆是岛上一处教育界人士的休闲疗养中心，设备完善，规模宏大。而涵碧楼，则是一个达到国际水准的大旅社，除了三面向潭，还四面凌空。从楼上向下俯瞰，日月潭的山光秀色纷纷映入眼帘。

Xianggang ☀

香港：璀璨的东方明珠

课文回放

在香港飘扬了 150 多年的英国米字旗最后一次在这里降落后，接载查尔斯王子和离任港督彭定康回国的英国皇家游轮"不列颠尼亚"号驶离维多利亚港湾——这是英国撤离香港的最后时刻。

——周婷、杨兴《别了，"不列颠尼亚"》（节选）（人教版高中语文·选修上册）

这里能嗅到最时尚的气息，也吃得到街头一碗廉价的鱼蛋；你可以在繁华的街头流连忘返，也可以去春秧街和叫卖的商贩讨价还价。这，就是香港。

维多利亚港的海风，纵使在深冬，在临近圣诞的夜里，也并不凛冽。回首见港岛半壁江山灯火通明，像烟花自半山绽放，迷离了人们的双眼。

不远处，落日正一点儿一点儿沉入海底，红霞漫天，碧波、白沙、酒店，全都被染成金橙。

香港是属于夜晚的，白昼太匆忙，一切都让人无暇顾及。太阳挥别西山而去，弯月悄悄地升了上来，城市开始苏醒。夜色降临，这个城市开始活跃起来，也让

▼ 夜晚的维多利亚港没有白天那么繁忙，静静流淌的海水使香港显露出温柔妩媚的一面。

人有了驻足流连的心情。白日熟悉的一切仿佛都变了样子，庄严肃穆的高楼大厦在日落时分眨一下眼睛，随之换上夜间的服饰，登上了维多利亚海边的豪华舞台。只见白日里轻浪素净的海面，此时也艳丽鲜活起来。

维多利亚港之夜的无穷魅力是难以言尽的。若中午前后下过大雨，洗得天上、海上和地上都清清净净的，到了夜里，空气就清新极了。极目远眺，便能清清楚楚地瞧见几团白云仿佛是贴在山巅和楼顶一样。此时，一切的困乏、烦忧和无聊都荡然无存，只剩下轻松和愉悦。和着清新的海风自由舞动，长达数里的灯色之中，变动着的只有两处：中环广场尖顶上的一小节霓虹灯在不住地转换色彩；中环中心从下往上渐密的横条状图案渐渐地变色，红、橙、黄、绿、青、蓝、紫，一轮一色。

漫步在星光大道上，看香港岛霓虹闪烁，高楼耸立。展现在面前的是一幅多维、超时空的立体惊世美作：78层的中环广场与中银大厦等高层建筑，在灯火的烘托下气势恢宏、美轮美奂；维多利亚港两岸的灯火，与港湾中来来往往、金碧辉煌的游轮交相辉映，美不胜收。忘情地站在夜风中，痴痴地望着美丽的香江，耳边响起的是"东方之珠，拥抱着我"的旋律，想的是"不辞长作香江人"。东方之珠，这是给予香港的毫不过分的赞誉。

我的名片

姓名：香港
美誉：东方之珠、购物天堂
位置：南海之滨、珠江口东侧
名人：何香凝、金庸、邵逸夫
景点：海洋公园、宝莲禅寺、铜锣湾天后庙、竹林禅院、东普陀
美食：咖喱鱼丸、龟苓膏、碗仔翅、车仔面、鸡蛋仔、云吞面

> 大三巴牌坊

Aomen
澳门：最美的残缺

课文回放

你可知"妈港"不是我的真名姓？
我离开你的襁褓太久了，母亲！
但是他们掳去的是我的肉体，
你依然保管着我内心的灵魂。
三百年来梦寐不忘的生母啊！
请叫儿的乳名，叫我一声"澳门"！
母亲！我要回来，母亲！

——闻一多《七子之歌》（节选）（人教版语文·五上）

　　来澳门，一定要看看大三巴牌坊。也许它不够独特，不够别致，可是它凝重的历史色泽却成为人们一定要瞻仰的理由。

我的名片

姓名：澳门
别称：濠江、镜湖
位置：珠江口西岸
名人：林福祥、冼星海
景点：妈祖庙、港务局大楼、郑家大屋、澳门博物馆、大三巴牌坊、白鸽巢公园、大炮台、
美食：澳门烧肉、葡式蛋挞、马介休、水蟹粥

漫步于澳门的街市，身心都会感觉到从未有过的舒坦。虽然四周是随步伐流动的景色，可是静谧却仿佛在它们身上贴了标签，一切是那么宁静，就连时间也是悄悄地流淌着，生怕惊扰了匆忙的人们。

如果留心观察，你会在漫步的时候偶遇各种各样的教堂与庙宇，在这些教堂中，要数名为"大三巴"的圣保禄教堂最为著名。相传，这座教堂基本建成于17世纪，曾是澳门最壮丽的一座教堂。作为当时的风景名胜，它不断遭受外来侵略，历经三次大火与百般蹂躏后，如今仅有残存的前壁成为人们流连的平台。这平台，便是大三巴牌坊。

高高矗立着的大三巴牌坊，犹如从战场中走出的士兵，经历一番枪林弹雨后，因体力不支而疲惫不堪。站在台阶向上望，仿佛天空都因它而变得凝重。这座教堂，经历了怎样的大火和怎样的不幸，才变成今日的模样？看看那残存的前壁，那不甚清晰的圣经故事石碑，那圣人的铜像，也许它们正低低地讲述着教堂曾有过的辉煌岁月。

拾级而上走到大三巴牌坊前，空气似乎都变得庄严而肃穆。那个高大的牌坊，将前尘往事统统收纳，在我们面对它的瞬间，它再将那些往事一一重述。残损的痕迹，便是让人凭吊的示意，而其中的寓意，每个人的理解却都不相同。

那些栩栩如生的雕像，时至今日依然能看出技艺的精湛。那高超的建筑与铸造工艺，或许是因为牌坊的残存才得以流传至今。

变的是人，不变的是景致。每每看到大三巴牌坊今日的容颜，总是容易让人不断回想过去，追忆那曾有过的已逝去的美丽。然而，一种残缺的美感就在这个瞬间被呈现出来。或许是无奈，或许是沧桑，而正是那种历经沧桑后呈现出的美丽，才如同维纳斯一般，有着蛊惑人心的魅力。

几只和平鸽绕着牌坊上空盘旋而落，迈着闲适的步子走在大三巴牌坊脚下。也许，这便是某种程度上的新生吧。就在一瞬间，心弦被轻轻地拨动。

趣味游学之旅

火辣成都
Chengdu

蜀绣

蜀绣是四川成都的特产，也是我国独具代表性的产品，和苏绣、湘绣、粤绣一起并称为"中国四大名绣"。蜀绣历史悠久，自古以来就和蜀锦一起并称为"蜀中瑰宝"。由于蜀绣是我国传承时间最长的刺绣绣种之一，加上它具备针法严谨、针脚平齐、形象生动、富有立体感的特点，因此成为我国"四大名绣"之首。

川剧变脸

作为川剧表演特技之一，川剧变脸的名声享誉国内外。一张张川剧脸谱，在川剧特技演员举手投足间的表演中，随着音乐的抑扬顿挫而瞬间改变。最多的时候，一个川剧特技演员能变幻出六十多张脸谱，简直令观者惊叹！

武侯祠

武侯祠重建于1672年，最初是一座专门用来纪念诸葛亮的祠堂，因此也被称作孔明庙、诸葛祠、丞相祠，后来经过整修合并后，成为一处君臣合祀的祠庙，主要由汉昭烈庙、武侯祠、惠陵、三义庙组成。走进武侯祠，除了能感受到蜀汉丞相诸葛亮的人格魅力外，还能在这里领略到浓厚的三国风貌。

杜甫草堂

顾名思义，杜甫草堂就是唐代大诗人杜甫为了躲避"安史之乱"，举家南迁至成都生活时的住处。杜甫曾在这里度过4年宝贵的时间，其间写出了240多首诗歌作品。如今，作为我国第一批国家重点文物保护单位之一，杜甫草堂是成都地区的一处代表性风景名胜景观，也是人们瞻仰一代诗圣的纪念场所。

都江堰水利工程

都江堰坐落在都江堰市西北的岷江之上，它是蜀郡太守李冰组织修建的大型水利工程，主要由鱼嘴、飞沙堰、宝瓶口等组成，是成都平原上的重要水利工程，起到防洪灌溉的重要作用，距今已有2000多年历史了。正是因为有了都江堰，成都平原才得以出现沃野千里的盛况，四川也才能成为人们口中的"天府之国"。

四川大熊猫栖息地

四川大熊猫栖息地是世界上规模最大，也是生态环境最完整的大熊猫栖息地，更是全球生物多样性热点地区之一。除了国宝大熊猫外，这里还生活着金丝猴、羚牛等珍稀动物，还有多达1万多种的珍稀植物。可以说，四川大熊猫栖息地就是一个"活的博物馆"，走进这里，就如同走进了一个生物王国。

西岭雪山

在成都市大邑县境内，坐落着一处以雪山风景为主的风景名胜区，它就是"成渝潮流新地标"——西岭雪山，因"诗圣"杜甫"窗含西岭千秋雪，门泊东吴万里船"的千古绝唱而闻名。西岭雪山是我国国家重点风景名胜区，也是我国公布的首批国家级滑雪旅游度假胜地，总面积达483平方千米，景区内的最高峰是海拔5364米的苗基岭，它是成都第一峰。

麻婆豆腐

麻婆豆腐是四川地区的传统名小吃之一，也是享誉国际的一道川式名菜。要说麻婆豆腐的特色，关键在于"麻、辣、烫、香、酥、嫩、鲜、活"八个字，无论是色泽还是香味和口感，麻婆豆腐都算得上是川菜的灵魂菜品，这也使得它从一道家常菜品，摇身一变成为一道享誉海内外的国际名菜，成功登上了大雅之堂。

第四章

山外青山楼外楼

Taishan
泰山：五岳之首，凌绝之巅

课文回放

望岳

杜甫

岱宗夫如何？齐鲁青未了。
造化钟神秀，阴阳割昏晓。
荡胸生曾云，决眦入归鸟。
会当凌绝顶，一览众山小。

——杜甫《望岳》（人教版语文·七下）

第四章 ·山外青山楼外楼·

我的名片

姓名： 泰山
别称： 岱宗、岱山、东岳、泰岳
位置： 山东省中部，济南与泰安之间
美誉： 天下第一山、五岳之首、五岳独尊
到访名人： 孔子、秦始皇、曹植、杜甫、李白
景点： 十八盘、南天门、玉皇顶、天街、岱庙
美食： 泰山煎饼、泰山女儿茶、牙枣、赤鳞鱼

大约1300年前，诗人杜甫遥望泰山，发出"岱宗夫如何"的疑问，并给出了自己的回答。今天，我们登临泰山，放眼望去，尽是亘古青苍，再回想起杜甫笔下的问题，不知又会给出怎样的答案。齐鲁大地上的这座名山，没有华山的凌厉逼人，没有昆仑山的连绵不绝，却以它独有的方式，影响着中华文化的进程。泰山是一座深受眷顾的山。历代帝王给了它神圣崇高的地位，千百篇诗文镌刻下它的风采，神话传说又为它披上一层层神秘的外衣。就让我们由山脚下的红门宫拾级而上，走入泰山的怀抱，开启这趟久违的"凌绝顶"之旅。

泰山：登泰山而小天下

有句俗话讲，登泰山而小天下。意思是登上泰山之巅，放眼世界，天下尽收眼底，眼界开阔，心胸激荡，天地万物都显得渺小了许多。但要论起实际海拔和规模，泰山在我国诸多名山中并不算突出。在"五岳"之中，它的海拔不及华山、恒山，山脉规模又不及嵩山、衡山，没有剑拔弩张、直冲霄汉的锋利气势，也不像秦岭昆仑一般横越多个省份，缘何却会享有"五岳独尊"的称号，

▲ 泰山

泰山东临波澜壮阔的大海，西靠源远流长的黄河，凌驾于齐鲁大地，屹立在东方。

89

给人以睥睨天下之感？这要从泰山独有的"地利"说起。

位于山东省中部的泰山，北依广袤无垠的华北平原，东部和南部是起伏错落的低山丘陵，孕育了人类早期大汶口文化的汶水从它的南侧流过，向西汇入黄河。泰山恰是这一带的地势最高处，俯瞰着这片土地，方圆数百千米内，没有能与之比肩的山峦或高地，是名副其实的"独尊"。立于山巅，四面八方没有能遮挡视线的东西，目极千里，自然使人"一览众山小"。

在古代，泰山长期被视作神山。人们认为，泰山就是最接近天的所在，在山顶说话，声音就能直达上天。听起来真让人有种"不敢高声语，恐惊天上人"的惶恐。因此，自称"天子""受命于天"的历代帝王，便选择泰山作为向天神汇报功绩的地方。自秦汉至清代，多位帝王在泰山举行封禅典礼，祭祀天地，以期获得上天的认可，确立自己在人间的权威。这些典礼，或许只是为了给王权罩上一层不容侵犯、不容置疑的神秘面纱，但它们确确实实让泰山成了当之无愧的"天下第一山"。放眼四海，还没有另一座山受到过如此隆重的礼遇。

但这些礼遇对于泰山又有什么意义呢？漫长的历史变迁中，它见识过最隆重繁华的皇家盛典，也闻听过山脚下"苛政猛于虎"的悲凉慨叹。《礼记》中记载了这样一个故事。孔子路过泰山之侧，遇到一位悲恸欲绝的妇人，于是上前询问。妇人告诉他，自己的公公、丈夫都死于山中的猛虎之口，现在儿子也死了。孔子闻言纳闷："既然这么危险，为什么不离开这里？"妇人回答："这里虽然远离城市，偏僻危险，但没有残暴的政令啊。"

我想泰山如果开口说话，它会告诉那些帝王，山上的天没有那么重要，登泰山而小天下，是要你把天下苍生收入眼底，装入心间，而不是以高高在上的姿态，凌驾于山下真实的人间。

泰山十八盘

十八盘：开启你的"升仙"试炼

从对松山远望山顶，一条狭长陡峻的石阶山路，仿佛嵌

在泰山上一样。石阶的终点是一座庄严的朱红屋宇,坐落在飞龙岩和翔凤岭之间的山口上,宛如天上宫阙,这就是南天门。神话中说,跨过这道门,就由人间走到了仙界。

仙界虽然吸引人,但"升仙"之路可不太好走。由对松山至南天门的1600多级阶梯,就是泰山最为险要的一段路——著名的"十八盘"。山路起伏蜿蜒至此处,坡度陡然增加,像从天际直垂下来的阶梯,接引人们步入霄汉。走过这段山路,你就知道,为什么那么多关于登山的古诗词里,都有"拄杖"这个词。十八盘石阶高而窄,几乎没有休息之处,人们往往需要一根结实的拐杖,才能坚持着爬完全程。

如果你踏上这段山路,没觉得有什么困难,先不要急着得意。当地有"紧十八,慢十八,不紧不慢又十八"的说法。从对松山至龙门为"慢十八",山路开阔平坦,还能欣赏一下沿途的景致。龙门至升仙坊为"不紧不慢又十八",此时人已感到有些疲劳,需要向铁栏和拐杖借力。而从升仙坊到南天门的"紧十八",才是真正的"升仙"试炼。石阶坡度达到70度~80度,近乎垂直于水平面。人在这样的山路上,早就没有心思赏景,只能一心向上、向前,连回头望一眼走

过的山路,都担心头晕目眩,腿会发软走不动。

  一路上,时而可以见到挑山工的身影。一根当地硬杂木做成的担子扛上肩,就挑起了上百斤的重担。他们却能不疾不徐,步履从容,一步又一步走过崎岖山路。老挑山师傅会告诉你,担子一上肩,没有半途而废这一说,不管路多陡多曲折,都只有向上攀登一个信念。

  南天门向东到碧霞祠的一段街道,叫作"天街"。到了这里,先不要急着继续攀登山顶,不妨稍做休整,临近天明再爬上日观峰或玉皇顶看日出。到了夜里,山间雾气蒸腾,漫上天街,遍街的古朴商铺与琳琅的物件,让人仿佛穿越到了郭沫若诗里的天上街市。不知在街巷间,是否也藏着世上没有的奇珍异宝?

▲ 玉皇顶

登泰山必观日出,"旭日东升"的壮观景象最动人心弦,是岱顶奇观之一。玉皇顶便为观日出的绝佳地之一。

玉皇顶:会当凌绝顶

  从南天门向东穿过天街,行经碧霞祠。祠中供奉的女神碧霞元君,据说是司掌泰山的女神,也有人说是泰山神的女儿,当地人称她"泰山奶奶"。如果你有心和当地人打听打听,唠上几句闲篇，就能收获不少"泰山奶奶"的有趣传说。人们常说"山不在高，有仙则名"，这些光怪陆离的仙人故事装点着泰山，也让许多人的泰山之旅多了一丝"朝圣"的意味。

瞻仰过泰山女神，从碧霞祠继续往上，经过泰山标志性的"五岳独尊"石刻，不久便到达玉皇顶。玉皇顶是泰山的主峰，整座泰山的至高处。这是泰山真正的"绝顶"，因峰顶的玉皇庙而得名。玉皇庙西北侧的古登封台，据说就是先秦帝王设置祭坛祭祀上苍的地方。

玉皇顶和东南不远处的日观峰，是观日出的胜地。泰山山顶与山脚温差很大，山脚下还可穿着短袖T恤，到了山顶，即使穿棉袄也不一定暖和。因此等待日出时，可以租一件厚实的军大衣。当你裹着大棉衣，在山顶的瑟瑟寒风里，苦苦等着天边泛起的那抹鱼肚白，多少会有一点儿怀疑人生。但不要着急，多坚持一会儿，你一定不会后悔自己的选择。

白昼与黑夜交替的时刻，地平线处一道橘色的霞光，破开混沌的黑暗，划分出天空与地表。霞光逐渐上升、上升，仿佛一点点扩展自己的势力似的，逐渐填满天地这张画布，山脉的轮廓越加清晰，云彩也被染上了暖色，深蓝色的夜空被挤得悄悄溜走，褪去了色彩。慢慢地，那团橘色暖光的中间，带出了一小点儿豆大的亮光，等了半夜的人们于是欢呼起来，看啊，那是太阳吧。这是最激动人心的时刻。人们守着、等着，那一小点儿亮光，由半遮半掩，到万道金光，终于跳出了地平线，完成了质的飞跃，向天下宣告，我来了，光明来了，这是崭新的一天。

此情此景，让人不由想起盘古开天辟地的远古传说。远处隐现的地平线便是盘古的板斧，从笼罩天地的黑暗里劈开一道缝隙，然后天空上升，地面下沉，日月运转，昼夜分明，世界由此生成。传说泰山就是盘古的头颅所化。不知这位沉眠的巨人，对于自己创设的天地造化，是否也感到骄傲和满意？

我的札记

○ **课本外的泰山**

在乡间，我们常可以看到，宅院外或街巷旁立有一块小石牌或石碑，上面写有"泰山石敢当"，有些还绘有武将人像。"石敢当"到底是什么？有一种说法，石敢当是汉代一位勇士，所向披靡，无人敢当，因此人们便将写有他名字的石牌立于路旁，希望这位勇士镇宅辟邪，守卫家宅安宁，逐渐演化成了一种风俗。也有人说，"石敢当"是一种自然崇拜，古人认为石有灵性，而泰山石尤其是祥瑞的象征，古代宫殿、寺庙都用泰山石镇镇四角，民间也常用泰山石作为镇宅之宝。

黄山：立于天地之间
Huangshan

课文回放

中外闻名的黄山风景区在我国安徽省南部。那里景色秀丽神奇，尤其是那些怪石，有趣极了。

就说"仙桃石"吧，它好像从天上飞下来的一个大桃子，落在山顶的石盘上。

在一座陡峭的山峰上，有一只猴子。它两只胳膊抱着腿，一动不动地蹲在山头，望着翻滚的云海，这就是有趣的"猴子观海"。

——于永正《黄山奇石》（节选）（人教版语文·二上）

第四章 ·山外青山楼外楼·

黄山被称为"天下第一奇山"。大家常说"五岳归来不看山，黄山归来不看岳"，意思是五岳风光已经堪称群山之最，但若是与黄山相比，连五岳都要逊色不少。可见黄山的美景，给古往今来的人们留下了极为深刻的印象。黄山有"四绝"：奇松、怪石、云海、温泉。我们跟着课文见识过新奇有趣的山间怪石，或许还没有游览尽兴。不如再走入黄山，领略一下另外的美景奇观，探访一段云天之间的故事和传奇。

黄山：天下名景集黄山

黄山位于安徽省南部的黄山市，古称徽州、新安，这片颇有江南风韵的土地上，一座雄伟山川拔地而起，北连九华山，东接天目山，西南一路蜿蜒至江西境内，这便是黄山。

黄山是安徽省内地势最高处，山体主要为花岗岩。大自然将流水和山风用作刻刀，花了数十万年光阴，一点点刻画出它的形态，使山势参差起伏，姿态万千。"三十六大峰，三十六小峰"，形成了独特的峰林地貌。行走在山中，数峰环绕，群山争奇，既有两面峭壁相夹的"一线天"，又有开阔平坦的光明顶。形态各异的石林、石柱分布于山间，就是古代所说的"石人"。主峰莲花峰，

▼ 黄山险峰

黄山内群峰林立，或傲然屹立，或俊俏秀丽，布局错落有致、浑然天成，令人流连忘返、叹为观止。

我的名片

姓名：黄山
古称：黟山
美誉：天下第一奇山
到访名人：黄帝、李白、徐霞客、陶行知
景点：莲花峰、光明顶、天都峰、人字瀑、百丈泉、九龙瀑
特产：黄山毛峰茶、贡菊、徽墨、三潭枇杷、黄山烧饼

第四章 ·山外青山楼外楼·

▶ 冬日的黄山，云海奇绝壮阔，如临仙境，嶙峋的峰峦，在白雪的映衬下，妩媚多姿。

数座小山峰簇拥着一座最高峰，仿佛山间绽放的一朵莲花。天都峰上的鲫鱼背，直插云霄，是黄山最险要之处，常人难以攀登，又有云雾环绕，传说是天上仙人聚会之处。

谈起对黄山的印象，很多人都会用"奇"来概括。就连明代见多识广的旅行家徐霞客，面对黄山带给他的惊喜，也不禁感叹，世间竟有如此奇丽的景色，假如自己未能一看，该是多么遗憾。有人说黄山的"奇"，在于它集中了天下诸山的名景。泰山的雄伟、华山的险峻、衡山的烟云、庐山的飞瀑，乃至雁荡山的奇崛、峨眉山的清凉气候，无一不摄人心魄，更不要说它们交织在一起。这些名景云集于黄山，于是登黄山，而能尽览天下名山。游过黄山，其他山岳便再难入法眼。

奇松：绝壁上的生命赞歌

黄山松与其他松树不同，黄山特有的地貌和气候，将它打磨成别处难以见到的奇特模样。黄山松遍布在海拔 800 米以上的区域。说不清是山风还是飞鸟，将几颗种子送入山岩的缝隙间，这些种子便紧紧抓住一线生机，一点点汲取着峭壁上瘠薄的营养，将根系盘入山岩。

黄山雨水多，气候湿润，再加上风化作用，峭壁上的土壤被冲刷得所剩无几，黄山松便拼命向深处扎根，好让自己立得更稳。山间风大，它们便侧过身子，依着山势和风向，坦然接受生活的打磨和锤炼，将自己塑造成了一首绝壁上的生命赞歌。

▶ 迎客松

迎客松是黄山的标志，也是黄山松中最著名的一棵。游览过莲花峰，来到玉屏楼左侧，远远便能望见迎客松。它倚着山崖伸展出一侧枝丫和伞盖，恰似好客的主人挥着手，招揽着八方来客。在它身旁，四株"陪客松"陪伴游人赏景，"送客松"则似是作揖送客，让人忍俊不禁地猜想，莫非它们在生长过程中，就已经分好了工，好让辛勤登山的客人感受黄山的热情与殷勤？

97

　　山间四时变幻，春夏有山杜鹃与四照花点缀，秋天漫山秋叶五颜六色，好不热闹，却只有黄山松万古长青。寒来暑往，秋收冬藏，唯独它们，有着未被漫长岁月改变分毫的青苍与坚韧。这些屹立于山间的坚强生命，真有种"任尔东西南北风"的气势。到了冬天，山间水汽凝结在松树枝叶上，就形成"雾凇"，雪树银花，将黄山装点一新，分外美好。

怪石与云海：怪石成趣，云海翻波

　　黄山的怪石，星罗棋布，比比皆是。有的在路边迎候，仿佛为游客指路的仙人；有的像姿态各异的小动物，如"天狗望月""龟兔赛跑""松鼠跳天都"；有的好像各类物件，如笔架峰。排云亭前的一块怪石，下端细得像棍子，上端像一个身体前倾的人，艰难地立在棍子上，被叫作"仙人踩高跷"。

　　有些怪石还有一段传说，比如散花坞的"梦笔生花"，据说是李白随手抛掷

的毛笔所化。它像是笔尖朝上的毛笔，峰顶石缝里的黄山松，一团绿荫仿佛笔尖下盛放的鲜花。恰好石下又有一个"石人"卧睡，于是被称为"梦笔生花"。位于光明顶西北的"飞来石"，与石下的山体几乎断裂，好像从天外飞来，"咣当"一声落在山崖上一样，传说是女娲补天时指缝遗落的石头。有人调侃它：既然是飞来之石，或许哪天再度飞回天上也不一定。

　　游览黄山，要挑选雨后有云雾的日子。看到山间云海，你才知道为何那么多怪石，都被叫作"仙人"。清人潘耒说，黄山"四面数百里皆山，各山烟云，汇成大海，浩渺无涯"，四周山峦又以黄山为最高，登临黄山，无所不览，四面云海，皆收眼底，好像自己也成了下凡的仙人，正腾云驾雾、俯瞰人间。

　　云海好像是一道屏障，将黄山和人世隔开，那些假装成怪石的仙人、动物，再也不怕吓着别人，恢复了生机与活力，随着翻涌的云海一起活动起来。爬山的"乌龟"时而上浮，露出龟壳，时而潜入云海。悬崖边观海的小猴子，面对着令人着迷的云海，陷入沉思，好像既惊叹又疑惑。贡阳山上的"五老荡船"，五位老人架着小舟在云海中前行，乘风破浪，分外努力。

　　据说，黄山适宜观云海的日子并不多。如果你有缘分邂逅云海，请一定珍惜这段奇遇，好好领略大自然的神来之笔。

▲ 飞来石

黄山烧饼故事多

我的札记

　　黄山烧饼，又叫"蟹壳黄烧饼""火炉饼"，是黄山一带的特色小吃。饼用霉干菜和肉丁做馅，撒上芝麻后，经火炉烤制，金黄酥脆，形如螃蟹贝壳，口感咸甜。据说明代开国皇帝朱元璋，在战争时曾到黄山附近农家避难，吃到黄山烧饼，唇齿留香，过后念念不忘，称这种烧饼为"救驾烧饼"。我国著名教育家陶行知先生也很爱吃黄山烧饼，他曾写过一首幽默的小诗："三个蟹壳黄，两碗绿豆粥。吃到肚子里，同享无量福。"

庐山：香炉瀑布知音山

课文回放

望庐山瀑布

李白

日照香炉生紫烟，遥看瀑布挂前川。
飞流直下三千尺，疑是银河落九天。

——李白《望庐山瀑布》（人教版语文·二上）

童年里，我们一遍遍记诵着李白的诗歌，在课本的书页间，一次又一次遥望飞流直下的庐山瀑布。这首富有韵律的唐诗，曾启迪了无数人对于诗歌的热爱。但庐山绝不仅仅是课文里的庐山。一页纸上的寥寥几笔，无法将它描摹殆尽。你应该走近它，去看看香炉峰，踏一踏李白曾涉足过的石阶，望一望李白吟咏而奔流至今的瀑布，再步入白鹿洞书院，感受一下这山水间孕育的人文精神。到那时，你才真的读懂了庐山。

庐山："不识庐山真面目"

提起庐山，就不能不提李白。"一生好入名山游"的李白，在庐山留下千古

我的名片

姓名： 庐山
别称： 匡庐、匡山
美誉： 匡庐奇秀甲天下
位置： 江西省九江市南部
到访名人： 陶渊明、谢灵运、李白、朱熹
景点： 三叠泉、五老峰、白鹿洞书院、芦林湖
特产： 庐山云雾茶、金星砚、竹丝画帘、桂花酥糖、桂花茶饼

名篇《望庐山瀑布》，传诵至今。无数人从这首诗开始走近诗歌，在诗句和谐的韵律间，领略庐山瀑布的壮美雄浑。庐山是李白的知音，虽不言不语，却以自己开阔的胸怀与独有的境界迎接他，让他在这一方天地里，得以暂时远离尘世纷扰，放飞思绪，成为那个飘逸的"诗仙"。

如今诗仙已去，但庐山仍在。山峰绵延，急流瀑布交错，云霞又为这片风光增添了几分神秘，仿佛古时"犹抱琵琶半遮面"的佳人。山间散落的寺观楼阁，在画面上添了几笔砖红，让它更加静谧典雅，却不至于孤单。

庐山云海
庐山云海如大江奔流，令人叹为观止，让人有种不知在仙境还是人间的错觉。

锦绣谷积红堆翠,四时花草织成满谷锦绣。南麓的仙人洞,据说是仙人坐化之地。剪刀峡上望江亭,最适合和着江景听一出关汉卿的《望江亭》。还有烟波浩渺的芦林湖。山中风景变幻,包罗万象,难怪苏轼要说"不识庐山真面目,只缘身在此山中"了。

位于江西省的这座中华名山,将这座城市四散的文化因子串联起来了。它身侧的九江,就是昔日白居易曾涉足过的浔阳江。东南面鄱阳湖畔的滕王阁,曾镌刻下"初唐四杰"之一的王勃一生中最辉煌的时刻。夹在庐山和鄱阳湖之间的星子县,居民们采集九江驼岭的金星石,打磨雕花,制成砚台,石砚上星星点点的金圈随着墨色洇开,那是自千百年前流淌至今的文化底色。

我们不必像李白游遍名山大川,但总应该走出书页,去认识一下几座名山,感受一下书本无法带来的清新空气。如果你想打开门,拥抱一下满山翠色,欣赏一段山色背后的历史与传奇,那么庐山在等着你。行走在崎岖山路上,穿梭于古往今来许许多多文人墨客的身影之间,随口吟上几句,或许就是下一段千古风流。

秀峰:散不尽的香炉紫烟

秀峰景区位于庐山南部。李白曾经咏过的瀑布和香炉峰便在这里。

在山脚驻足,面前是山间泉水瀑布蓄积而成的"龙潭",据说是因潭上瀑布

第四章 ·山外青山楼外楼·

 庐山瀑布

坐在频泛涟漪的潭边，仰面观瀑，瀑布宛如千片冰绡，抖落而下，气势恢宏，蔚为壮观。

 芦林湖

如白龙奔腾而得名。潭侧石刻历史悠久，汇集了唐代以来众多历史名人的书法作品。这里有唐代楷书名家颜真卿的碑刻，有宋代文人黄庭坚、米芾的墨宝，还留存了康熙、雍正的帝王手笔，被称为"江南书法艺术宝库"。

来到秀峰，最不能错过的，就是瀑布"开先"，传说这便是李白诗里的那道瀑布。沿陡峻山势一路奔涌的水流，至此为山峰所阻隔，分为两股。东面一股从双剑峰和文殊峰中间的狭窄处穿梭而过，散成马尾般的数绺，因此叫马尾瀑；西面的从鹤鸣峰、香炉峰之间的黄石崖直冲下山巅，碎玉流珠，气势恢宏，悬挂有数百丈，叫黄岩瀑。当你立于山峰之前，举目是千古瀑布，便会感到，"开先"这名字多么合适，它仿佛就是要大大方方、坦

103

坦荡荡地在你眼前,开秀峰之美的先河,从第一眼就叫你折服。

远处的香炉峰,周身仍缭绕着散不尽的云烟。如果遇上朝晖或者夕阳,天边霞光将几缕云烟染成李白诗里的紫色云霓,烟涛微茫,云霞明灭,则更是蔚为大观,宛如诗人梦中的仙境。云雾是庐山的特色,层层叠叠的雾气,一年四季萦绕山间,变幻无穷,让本就清秀的山间景致更加多姿多彩,每一幅画面都难以复制。

白鹿洞书院：山水间孕育的人文精神

白鹿洞书院位于庐山南麓后屏山下的向阳处。它与河南商丘的应天书院、湖南长沙的岳麓书院、湖南衡阳的石鼓书院（也有说是河南郑州的嵩阳书院）一起,被称为"中国四大书院",是古人读书讲学的地方。

白鹿洞的故事,要从唐人李渤和他的伙伴白鹿说起。相传李渤在这里隐居读书,他的伙伴是一只通人性的白鹿。据说,白鹿与李渤十分亲近,李渤甚至将酒壶挂在白鹿角上,一人一鹿一壶酒,在山间自在闲游,人们见了都啧啧称奇。这就是"挂角沽酒"的故事。白鹿洞其实不是洞,它地势很低,从高处向下看,就像一个很深的洞,将当年那只白鹿的踪迹掩盖,给它和朋友一个安居之处。

多年以后,白鹿洞逐渐被琅琅读书声填满。宋代思想家朱熹、明代理学家王守仁曾在此讲学,让白鹿洞书院名声大振。那是这座书院最为鼎盛的时刻,四方名士千余人齐聚一堂,唇齿笔墨间留下了那个时代最为激烈的思想碰撞。他们是书院的灵魂,让这里成了名副其实的江南文化中心。这些学子在书院修身养性、著书立说,离开书院后散落到各地,在各自的一方土地播下文化的火种,灿若繁星。

可惜书院在宋代繁荣,百余年后便毁于战火,曾经托起过几位贤人学士的经楼书阁,在战乱里付之一炬。在原址上

🅐 白鹿洞书院

重修的白鹿洞书院，仿佛不再享有宋时的礼遇，再也难以延续往日的辉煌。

如果建筑有思想，白鹿洞或许也会怀想往昔，想念一下昔日的白鹿与书生，想念那些为书院注入风骨与灵魂的名士，想念回廊间曾有过的风声雨声读书声。那也是它的友人、它的慰藉，是它不朽的记忆与心灵深处的担当。但它说不出来。于是人们只能从斑驳了的老墙与瓦砾间，揣摩它埋在心里的那些话，读一读它写不出来的千年长诗。

我的札记

"庐山云雾"

庐山的茶被称为"庐山云雾"。因为庐山的产茶区，在海拔800米以上的五老峰、汉阳峰、含鄱口、仙人洞等地，周围江河湖泊的水汽在这里蒸腾成雾气，云海茫茫，雾气缭绕。茶叶生长于云蒸霞蔚间，好像也沾染了缥缈仙气，于是得名"云雾茶"。最好的茶要在清明前采摘，此时的茶受虫害侵蚀少，芽叶细嫩，味道甘醇，叫"明前茶"。

Tianshan
天山：侠骨柔情的传奇

课文回放

　　进入天山，戈壁滩上的炎暑被远远地抛在后边，迎面送来的雪山寒气，会使你感到像秋天似的凉爽。蓝天衬着高耸的巨大的雪峰，太阳下，雪峰间的云影就像白缎上绣了几朵银灰色的花。融化的雪水，从峭壁断崖上飞泻下来，像千百条闪耀的银链，在山脚下汇成冲激的溪流，浪花往上抛，形成千万朵盛开的白莲。每到水势缓慢的洄水涡，都有鱼儿在欢快地跳跃。

——碧野《七月的天山》（节选）（人教版语文·四下）

我的名片

姓名： 天山
名字由来： 古代的匈奴称此山为天山，沿用至今
古称： 北山、雪山、白山、阴山
位置： 亚洲内陆中部
海拔： 3000～7500 米
特产： 天山雪莲、巴旦木

Ⓐ 天山是世界七大山系之一，身处天山的雄奇壮美中，一定会感叹大自然的鬼斧神工。

天山背后有一个神秘的故事，从遥远的天边带来了侠骨柔情的传奇，引发了无数人的遐思。

再没有一处地方可以超越它的奇峻至美，或热烈，或柔情，或明媚，那复杂而绚烂的美，在它的身上展露无遗。

它是一个充满了生命力的神女，在绵延几千米的山脉之中，处处都彰显着自然的神奇，在高山峡谷之中，在草原湖泊之外，无处不展示着生命之美。

满怀朝圣的心情一路奔赴而去，它就在雪峰之上等待着你。

仙境传奇，你不能错过的圣山

在新疆人的心里，要将这么多美景逐一排序是很困难的一件事，哪一个都不忍割舍啊！但如果问起对于一个初来乍到的旅人最值得推荐的去处，他们定然会说：那就先去天山呗。到了那里，就什么都不想了。

果真如此？天山在新疆人的心目中地位如此崇高吗？

从哈密市出发，一路疾驰，行约 70 千米，一座雄奇的山脉就会在天边逐渐露出自己高大的身影来。

从远处望天山，你会以为那是匍匐在天际的一条巨龙，似乎在酣睡，却又隐隐传来风雷之声，凛然不可侵犯，

那便是巨龙无法掩藏的强大气场，令人心中充满了敬畏与憧憬。

◐ 进入天山的一条盘山路

天山在望，想要接近它却不是一时半刻就能做到的，一方面是因为远处的风景总是需要跋涉方可到达，另一方面是因为天山脚下如同画卷一样徐徐展开的美景，实在留人！如果你是一个摄影爱好者，在牛羊成群的草原上，眼看着牧场如同绿毯一样延展开来，有小溪流水，也有湖泊如镜，便肯定挪不动脚了。不过也不用着急，牧人会告诉你：天山不会走远，它一直在那里等着你。

能够把新疆这么广袤的地域一分为二，可见天山的雄奇壮美果然名不虚传。早在古代著作《山海经》里，横亘于新疆中部的它就已经被人们当作是新疆的精神象征了。如此崇高的地位可不是浪得虚名，当时的人们将它和昆仑山相提并论，分别称之为北山和南山。天山护佑着这片土地的祥和。

经过一路跋涉，雄伟的山体也逐渐靠近了。这座长

◐ 从远处眺望天山

达 2500 千米、南北宽 250～300 千米的巨山，不仅气势磅礴、物产丰富，而且你能在每一步的行走中体会到它奇异的风光。山峰海拔多在 4000 米以上，最高的托木尔峰海拔 7443 米，难怪它在维吾尔语中的名字是"铁峰"。

　　天山能够跻身于世界名山之列，这里的每一座高峰都功不可没。而当你走进它们的时候，你会发现它们每一座都各有风情，有的身姿妖娆，有的高冷不可亲近，有的却显得温和很多，它们从远处便接引着你的脚步，一步步送你登到顶峰。

　　登山不是一件容易的事，登天山对每一个人来说都是一次考验。你会发现自己一路上又忙又累，因为你在攀爬的同时还要不断捕捉和记录身边的风景，每走一步几乎都可以发现一处神奇的所在，花海如同世外仙境，牛羊如同绿茵上的珍珠，无边的森林如同一则神秘的故事等待你去阅读，而每登高一段距离，你就会惊叹自己的视野何止开阔了千里，每一步都像在打开你人生的新高度。

　　天山固然美，可你若不能坚持到最后，可就无缘这份美丽了。由于天山海拔太高，地形的变化会带来让人捉摸不定的气候变换，早晚之间的温差可以达到 15℃，让你在一天之内体验从夏天来到冬天的刺激。

　　人们之所以总是对天山充满向往，和这条山脉的传奇色彩密不可分。数千年来，有无数的传奇故事在这里发生。在先秦的历史神话典籍《穆天子传》里，这

·跟着课本去旅行·

里就是西王母款待周穆王的地方。现代的武侠小说中,天山的身份更是不可忽视,各类武侠著作中,绝世高人都是居住在这里的。当你真正登上这座山峰,你会发现之所以会有那么多传奇发生在这里,是因为这里本身就是一个传奇。

群山之神,雪海博格达

在距今约 5 亿年前,天山原本是一片汪洋大海,历经几次地壳巨变之后,曾经沧海变成了如今的巍峨高山。由于这里多次受到冰雪侵袭,冰川一路延伸,所以也就遗留下诸多的冰峰。而这其中堪称"雪海"的博格达峰则是许多登山家的最终目标。

登天山不仅可以经历四季,从繁花似锦到冰天雪地,还可以领略丰富的地貌,

第四章 ·山外青山楼外楼·

◆ 天山海拔3800米以上属积雪带，这里常年覆盖着厚厚的冰雪。

◆ 天山常年不化的积雪

　　从草原一直到冰川，当你登上冰雪覆盖的无人绝顶，便会顿感酣畅淋漓。

　　天山的冰川是一绝，在海拔3800米以上的山区被许多现代冰川和积雪覆盖，让来到这里的人恍惚如同抵达仙境。近7000条现代冰川让这里变成了各类冰川地貌的博物馆。有的时候，你以为自己行走在坚实的土地上，却不知道脚下正沉睡着一条巨大的冰龙。这种感觉非常奇妙刺激，也让人更加惊叹自然的伟大和天山的神奇。

　　沿着冰川一路而上，在天山东段山脉之中，博格达峰就像是一个高傲的君主俯视着世间。虽然在天山雪峰之中，它并不是最高的一座，但其傲然而立的姿态和独特的地理环境，却让博格达峰成为天山的"灵山"。

　　据当地的老人介绍，"博格达"这个词并不是维吾尔语，而是蒙古语，意思是"神灵"。这座山峰虽被冰雪覆盖，有变幻莫测的风雪，但同时也遍布着丰富的植被，天山的神性几乎都体现在了博格达峰之上，也难怪它被视为天山神峰、祖峰。凡是经过这里的人，不管是平民还是显贵，都要下马进行朝拜，既是为了表达对于神峰的崇敬之情，同时也是希望可以获得神峰的保佑，享有富饶的丰年。

博格达峰的海拔为5445米，虽然不是天山第一高峰，但挑战它的难度却也不低。陡峭的山体坡度有时可以达到惊人的80度，站在下面看上一眼都会让人双腿打战，想要登顶的决心顿时消减一半。

沿着北坡攀登是目前发现的攀登博格达峰最便捷的一条路，即便如此，脚下的冰川和陡峭的山体还是让人心惊肉跳。而当你站在山坡上回头，远眺一碧千里的牧场和充满生机的森林，羊群在山脚下自由自在地游走，远处的雄鹰从天际呼啸而过，站在峭壁上的你一定会觉得任何烦恼在这样的天地之间都变得如同沙砾一般不值一提。

在画家的眼中，博格达峰是世界上颜色最丰富的调色盘，没有任何一个人可以制造出这样多变的色彩。来到这里的人不光是为了体验那沁人的凉爽，也为了它万壑流芳的美景。行进在遮天蔽日的原始森林和一望无际的草原山甸之中，攀缘在雪豹出没的雪线之上，你能够听到密林深处不时传来的马鹿呦鸣，能够一览五彩缤纷的山花之海。而到了冰川之上，终年积雪的冰峰在阳光之下闪耀着白亮的光芒，如同钻石一样晃眼，与山谷之中的高山湖交相辉映，组合出了高山雪原独特的景象。

神池浩渺，把天池镶嵌在天空上

天山究竟有多少副面孔，就算是生活在山脚下多年的维吾尔族老人也说不出来，因为她如此多变，不同季节和环境之下的美难以尽述。冬日里的天山"万山堆积雪，积雪压万山"，到处都是一片白浪，显得圣洁无比。而到了夏天，到处都是塔松连成片，遮天蔽日，宛如一把把巨大的绿伞，为你遮蔽阴凉。而不管冬夏，天山上的高山湖都是最吸引人的。

Ⓐ 天山给人一种稀有的美感，更给人一种无限的柔情，它日里披满阳光，夜里缀满星辰，仿佛大自然的眷顾都留在了这里。

第四章 ·山外青山楼外楼·

　　由于特殊的地理构造，天山在几次地壳变化的过程之中形成了许多高山湖泊，它们毫无规则地散布在山顶和峡谷之中，点缀着神山的风韵，不管是冬天还是夏天，都熠熠生辉，在你每一次远眺的时候都展现出不同的光彩，有着莫名的吸引力。在博格达峰北侧，绚烂山花的深处，更有一片迷人的水面，那就是令无数人魂牵梦萦的天池。

　　天池由三个湖面组成，东侧的东小天池古称黑龙潭，传说是西王母梳洗的地方。在潭下有百丈悬崖，瀑布飞流直下，恰似从天而降的长虹。西侧的西小天池清水幽邃，好像一个铜盆，传说这里是西王母洗脚的地方，所以又被称为玉女潭。

　　作为一个高山湖泊，天池狭长的水面显得曲折有致，而高山上的冰雪融水和

跟着课本去旅行

泉水融汇在一起，青山环抱着充盈的天池水，与湖畔上的苍翠云杉一起构成了一幅难得一见的高山美景图。

凡是来到天池的人，都会为它宛如世外神女一般的气质所惊艳。湖水晶莹剔透，宛如少女肌肤一般明丽，在蓝天的映衬之下又如同柔滑的美玉。整个湖面是那么宽阔，如果你有足够的毅力，可以等到皓月升起，那时候的天池天高云淡，清明无限，龙潭碧月的美景一定可以让你忘记任何烦恼。回头再望池旁的飞瀑，如同一道银河，从天而落。顺着山道，在月光的映照下一路攀登到闻涛亭去，赏月观瀑，眼见翠松碧水，耳闻水声震谷，是你在别处不能获得的体验。

随着越来越靠近天池，你会发现空气似乎也越来越清凉了，就算是炎炎夏日也感觉分外凉爽。来到湖畔，湖水不断拍打着嶙峋巨石，溅起一大片雪白的水花。远望山坡上别致的亭台，还有远处博格达峰散发出的神圣金辉，这一切的秀美与壮丽都倒映在一泓碧水之中，让人心旷神怡，怀疑这一切是否真实存在。

如果时间充裕，你可以在天池旁找一块方正的巨石，安静地坐下来，感受一下天山微风拂过耳畔时留下的窃窃私语，而那清凉的水汽也定会让你忘记俗世的纷扰。驻足远眺山下，绿色的海浪此起彼伏，环山绿草，羊群游弋，更有千年冰

峰银装素裹，神峻异常，如同一个个神将在守卫着这片湖水的宁静和纯净。

天池的美是沉静的，更是明朗的，它显得那么明艳，如同一个开朗的维吾尔族少女，让整个世界都变得轻灵温润，闪动着最动人的光辉。

如果说天池蕴含了天山的精魂，那么博格达峰则代表着天山的脊梁，四季常青的塔松和云杉是天山的衣衫，随处可见的野蔷薇和绚丽百花就是它的笑靥，行走在南北坡茂密森林里的灵鹿和百兽是它轻灵的足迹，而雪线上凌寒怒放的雪莲便是它不灭的灵气。

天山之美，虽在天边，却也并不遥远。想要体验世外仙山的空灵和壮美，你又怎么能错过它呢。

天山天池

Huanghelou

黄鹤楼：昔人已乘黄鹤去

课文回放

黄鹤楼送孟浩然之广陵

李白

故人西辞黄鹤楼，烟花三月下扬州。
孤帆远影碧空尽，唯见长江天际流。

——李白《黄鹤楼送孟浩然之广陵》（人教版语文·五下）

我的名片

姓名：黄鹤楼
美誉：天下江山第一楼、"江南三大名楼"之一
位置：湖北省武汉市
到访名人：崔颢、李白、孟浩然、白居易、陆游
景点：胜像宝塔、"三楚一楼"、"黄鹤归来"、白云阁、搁笔亭
特产：黄鹤楼酒、武昌鱼、莲藕

◎ 黄鹤楼

人在黄鹤楼上，已不单单是游览胜景，更仿佛跨坐在仙鹤背上，乘风归去，羽化登仙。

"昔人已乘黄鹤去，此地空余黄鹤楼。"长江之畔，有这样一座楼阁。它立于山巅，俯瞰大江东去，浩浩汤汤，那翘起的斗拱飞檐，仿佛在与过路的鸟儿问候："你好啊，你来的路上，可曾见过，千百年前那只离去的黄鹤，和那位与它为伴的仙人？它们是我久别的朋友。"而今，驾鹤的仙人未归，地上的谪仙远去，黄鹤楼历经多次重建，也早已不是当年的那座。但它所承载的文化记忆，从不曾中断。它所见证过的一个个故事、一段段友情、一场场送别，至今仍在人们口中传诵，成为古典文化中一个个最真挚美好的片段。

黄鹤楼：从赖账仙人的故事说起

据说，古时一位仙人驾黄鹤遨游，经过一处楼宇，恰巧累了，便让黄鹤停下休息。人们为了纪念这位仙人，便将他歇息的楼宇命名为"黄鹤楼"。后人不断为这个传说添加笔墨，逐渐把故事讲得有模有样，演化出了一个"赖账仙人"的故事。

传说有位辛氏女，以卖酒为生。有天，一位不速之客上门讨酒。辛氏一看这人，衣衫褴褛，却身材魁梧、气度从容，于是不敢怠慢，好好招待。谁知客人不仅不给酒钱，反而天天上门讨酒。辛氏也便好人做到底，从不因他付不起钱而轻蔑他。半年后，客人前来告别，对辛氏说："我欠了你太多酒钱，没什么能回报你的，只有一点儿才艺，还请不要笑话。"说罢，他拿起几片橘皮，在墙上涂涂画画，不多时，一只栩栩如生的黄鹤就出现在墙上。他用手打节拍，黄鹤便随着拍子翩跹起舞。众人方才醒悟，原来这客人竟是一位游仙。那之后，为了观赏这只黄鹤，无数人来到辛氏的小酒铺，辛氏的生意越做越好，不久就赚了比客人欠的账多几十上百倍的钱。十年后，仙人归来，吹笛一曲，黄鹤从墙上飞出，来到他面前，他便骑鹤直上云霄。后来辛氏在此建黄鹤楼，以纪念这段奇遇。

白云阁

多年以后，故事里的仙人和黄鹤未曾归来，黄鹤楼却因其独特的地理位置，迎来了不计其数的宾客，上演着一段段佳话。武汉位于长江南岸，这里自古水路交通发达，因此邻近码头、位于山巅的黄鹤楼，便格外显眼，成了当地的地标。乘船来此的人们，望见这座楼，便知道到了武汉地界；而离开这里的人们，走得远了，回头望上一眼，目送他们离去的便是黄鹤楼，还有楼头的友人。四方旅客来来往往，或历经漫长旅途，在此上岸，或登船启程，在此送别。于是诗里的黄鹤楼，往往不是思乡，就是送别。

而今，时过境迁，登临黄鹤楼，俯瞰武汉三镇，京广铁路从山下经过,列车飞驰,长江大桥拔地而起,飞架南北两岸。与黄鹤楼相对的龟山上,电视塔高耸入云。只有黄鹤楼依然满眼古意,仿佛是被历史定格的一瞬。让人不禁想问问它:你跨越岁月、身披风尘却依然屹立山巅,莫非是怕千载后黄鹤归来,认不出昔日的城市与友人吗?

白云阁:白云千载,江水悠悠

1200多年前,一位游子登上黄鹤楼,举目四望,怀想往昔:那只传说中的黄鹤一去不返,再未见过这归处的风景。它可知道,昔日江畔,树已成林,鹦鹉洲上,芳草黄了又绿?光阴荏苒,它的故地早已变了模样。只有悠悠白云,一如往昔,仿佛陪着这座孤单的楼阁,一同记挂着远去的鹤。

黄鹤久久未归,而自己又何尝不是一只漂泊在外、无法归乡的黄鹤?在故乡,是否有人、有云朵、有楼宇惦念着自己?日暮金乌西坠,这是劳动一天的人们归家之时。游子悲从中来,提笔作诗。那时他还不知道,他的名字将和这首诗一起,被世人久久铭记。

这首诗便是崔颢的《黄鹤楼》:昔人已乘黄鹤去,此地空余黄鹤楼。黄鹤一去不复返,白云千载空悠悠。晴川历历汉阳树,芳草萋萋鹦鹉洲。日暮乡关何处是?烟波江上使人愁。

1200多年后,黄鹤楼头,白云依旧悠悠。武汉又称"江城",长江与它最长的支流汉江在此地交汇,将武汉一分为三:武昌、汉口、汉阳三镇。宽广的水域,使得湿润的水汽源源不断地升入空中,形成千姿百态的云朵。即使是晴天,武汉的空中也常有白云相伴。

黄鹤楼东侧不远处的白云阁,据说就是观赏武汉三镇云彩的最佳处。由白云阁向西北望,长江和汉江交汇处,大江汹涌,一路向东。

昔日游子，已经换成了络绎不绝的游客，但奔流不息的浩瀚江水，千载不变的悠悠白云，与山头的楼阁，依然能将我们带回1200多年前的情境中。这便是留存在每个人心头的文化记忆。

搁笔亭：是诗人就用笔墨打一架

白云阁西南，有一座精巧的小亭，叫搁笔亭。别看亭子小，它的名字可大有来历。"搁笔"二字，不是寻常人的"搁笔"，而是出自"崔颢题诗，李白搁笔"的故事。

据说，李白游览黄鹤楼，来到此处，见风景绝胜，诗兴大发，提笔便要写一首诗咏黄鹤楼。可他一抬眼，却看到了诗人崔颢留下的大作。读罢，李白大为所动，认为这诗已经尽善尽美，将登楼之情写得淋漓尽致，无人能出其右，本欲下笔的手便停了下来，最终搁下笔离开。

崔颢这首诗，不仅让李白搁笔，更是让无数诗人为之倾倒。在他创作这首诗

搁笔亭

"搁笔亭"的牌匾由著名诗人臧克家题写,两侧对联"楼未起时原有鹤,笔从搁后更无诗"则为著名剧作家曹禺所写。

数百年后,有位元代出家人还因此大动肝火,说起了气话,要"一拳捶碎黄鹤楼,一脚踢翻鹦鹉洲"。为什么呢?"眼前有景道不得,崔颢题诗在上头。"崔颢啊崔颢,你写得太好了,这可叫后人从何下笔呢?于是这位出家人,心中千言万语却无法下笔述说,真憋得抓耳挠腮。

且说李白虽然暂时"搁笔",但毕竟也是才华横溢、千古难觅的大诗人,襟怀气度都不一般,要是就此认输,还真有点儿不服气。他转念一想,与其自叹比不过,不如学了崔颢的手笔,化为己用。在黄鹤楼我比不过你,但换个地方,我不就独占鳌头了吗?于是便有了《登金陵凤凰台》:凤凰台上凤凰游,凤去台空江自流。吴宫花草埋幽径,晋代衣冠成古丘。三山半落青天外,二(一作"一")水中分白鹭洲。总为浮云能蔽日,长安不见使人愁。

一个是黄鹤,一个是凤凰;一个是楼宇,一个是台榭;一个思乡,一个怀古。李白只字不提崔颢,却处处透着一种"不甘示弱"的味道。诗人间的笔墨较量,真是让人会心一笑。可惜两人并没有同台竞技的机会,不然,历史书上或许会再多一段千古佳话。

我的札记

黄鹤楼的起起落落

历史上的黄鹤楼命运多舛,屡次被毁,又屡次兴建。黄鹤楼为何如此"倒霉"?究其原因,一是地理位置。黄鹤楼坐落于长江之畔的兵家必争之地,于是屡屡受到战火牵连。其二是木结构建筑,美则美矣,却无法抵御火灾、虫蛀。清代的最后一座黄鹤楼,就毁于街巷大火。有趣的是,在清末被毁至1985年重建黄鹤楼期间,有一座"奥略楼"曾长期成了黄鹤楼的替身。人们以讹传讹,都以为这栋楼就是传说中的黄鹤楼。翻看武汉几十年前的老照片,很多"黄鹤楼",实际都是"奥略楼"。

鹳雀楼：更上一层楼

课文回放

登鹳雀楼

王之涣

白日依山尽，黄河入海流。
欲穷千里目，更上一层楼。

——王之涣《登鹳雀楼》（人教版语文·二上）

鹳雀楼上，有一副精巧而有趣的对联：五峰列嶂，九曲抱关，想它鹳雀栖身，定是沉迷此景；三省闻鸡，四围眺胜，问尔黄河转首，莫非留恋斯楼。在中国地图上，黄河自西向东，从青藏高原一路奔流入海，勾勒出一个大大的"几"字。在"几"字右下的转角旁，有一座闻名千载的天下名楼，栖息在黄河的怀抱。据说，连路过的水鸟都沉迷楼畔景致。当时的人们将这种水鸟称为鹳雀，这座楼宇因此得名鹳雀楼。连不知世事的鸟雀都为之驻足流连，也难怪诗人"欲穷千里目"了。

永济：运河与一座城市的兴衰史

永济市位于山西省西南部，西临黄河。这里曾是隋唐时京杭大运河的其中一段"永济渠"的起点。运河为这座中原城市带来了络绎不绝的商船与旅客，也带来了无数起承转合、一唱三叹的传奇故事。

我的名片

姓名：鹳雀楼
别称：鹳鹊楼、云栖楼
美誉："中国四大名楼"之一、天下黄河第一楼
位置：山西省永济市
到访名人：王之涣、李益、宇文护、王悝
景点：鹳影湖、柳园、鹳雀苑、蒲津渡遗址
美食：蒲州青柿、柿饼、老劲子麻花

在黄河古渡口蒲津渡遗址前，站立着四只巨大的铁牛。它们曾被置于河底，用于固定沟通黄河两岸的浮桥，镇守着蒲津要道。每只铁牛重达六七十吨，它们曾经历过这座城市最为繁华的时光。百年之后，

黄河改道，四只铁牛因此埋没于泥沙中，沉寂多年。直到近年来考古挖掘，铁牛才得以重见天日。上岸后的铁牛，却像仍忘不了过去的责任一样，继续远远地守望着黄河。

由蒲津渡西行几千米，便达普救寺，《西厢记》中崔莺莺与张生的故事曾在这里发生。时至今日，它身旁的村镇仍以"西厢"命名。这个著名的古代爱情故事中，书生张生在此结识了"梨花深院"中的佳人。碍于身份，两人不便时常相见，活泼俏皮的侍女红娘，便做了两人的传话人。而今漫步于寺中的亭台花榭间，仿佛还能听到红娘引着公子，一路笑语声声，向佳人的居处而去。

普救寺

可惜黄河的航运价值，远远比不上南方的长江。随着泥沙淤积，河道屡屡改换，旧运河渐渐难以通航，昔日"百舸争流，千帆竞渡"的永济渠，如今甚至难寻痕迹。曾是"天下之中"的古蒲州城，也随着运河的没落，渐渐沉寂。但仍有一些风景，以其独特的魅力和文化，跨越千年，依然吸引着古往今来的游人们走进永济。那便是"天下黄河第一楼"鹳雀楼。

鹳雀楼："天下黄河第一楼"

鹳雀楼原址位于古蒲州城外的黄河岸边。黄河途经此处，因为受到南面华山的阻挡，转了个弯向东流去，流速放缓。当地居民因此可借黄河之利，繁衍生息。加之蒲州位居潼关背后，被称作"由河东、河北进入关中的一把钥匙"，又有蒲津这一重要口岸，历来便是交通要道、兵家必争之地。

距今1400多年前，北周大将宇文护营建鹳雀楼，作为军事瞭望之用。登上鹳雀楼顶，可以远远望见敌人的动向，好迅速做出应对。

唐代，这座楼已经不再用于军事。许多文人墨客前来登临，留下诸多不朽诗篇。其中最具影响力、流传最广的，要数王之涣的《登鹳雀楼》。这首明白晓畅、

富有哲理的五言诗，使后人将王之涣的名字和鹳雀楼紧紧相连。

可惜在王之涣登上鹳雀楼400多年后，这座楼便毁于战火。元朝初年，金与蒙古的战事中，蒲州守城将领眼看城将被攻破，担心这栋瞭望楼落入敌手，敌人更容易探查己方动向，于是下令烧毁鹳雀楼。就这样，鹳雀楼始于战事，也毁于战事。

直至2002年，重建的鹳雀楼才向世人揭开面纱。新鹳雀楼前，左右立柱上刻有一副对联："凌空白日三千丈，拔地黄河第一楼。"这是"四大名楼"中唯一一栋位于北方黄河流域的楼，也是被世人惦念了1400余年的一栋楼。

后人像是特意要帮王之涣满足"穷千里目"的愿望，在鹳雀楼最高层的长廊西侧，他的铜像面向黄河而立，神采奕奕，运笔如风。不知面对城市日新月异的风景，他是否又酝酿了新的诗篇？

🔥 **鹳雀楼**

鹳雀楼为"中国四大名楼"中最高的一座，因常有鹳雀成群栖息其上而得名。

旗亭画壁：三位诗人的"争风吃醋"

走进鹳雀楼一层大厅，两侧墙壁上，各有一幅色彩鲜艳的壁画。左侧的是《宇文护筑楼戍边》，画的是鹳雀楼的来历。壁画上的宇文将军，身骑白马，手中拿着鹳雀楼的图纸，正在指导楼宇的建设，好不威风。

右侧的壁画是《王之涣旗亭画壁》。画上三个文人打扮的男子正专心谈论着什么，在他们不远处，几位曼妙女子正翩翩起舞。这是怎样一个故事，又与王之涣有什么关系呢？原来，它与三位著名诗人的"争风吃醋"有关。

唐代开元年间，歌女往往将知名的诗词填入乐曲中，在歌楼酒肆演唱。这天，三位著名诗人——王昌龄、高适、王之涣，在酒肆小聚，恰好四位歌女将要上台演唱。三位诗人的才华一直难分胜负，看见这情景，决定一较高下：歌女们唱谁的诗更多，说明谁的诗流传最广，最受欣赏，谁就是三人中最优秀的。

第一个歌女唱了王昌龄的《芙蓉楼送辛渐》，第二个歌女唱了高适的一首绝句。到第三位歌女出场，王之涣心想：这次该轮到我了吧？谁知这名歌女也唱了王昌龄的诗。按理说，此时已经算王昌龄胜出。可王之涣不服气，指着还未登场的最后一个歌女说道："前面的不算数！那几个歌女资质平平，演绎不了真正高雅的诗词。这最后一个歌女，是她们中最出众的。她如果不唱我的诗，我马上服输，再也不和你们争高低，但她要是唱我的诗，你们几位可就得向我认输了。"

等到最后一个歌女出场。她缓缓开口："黄河远上白云间，一片孤城万仞山。羌笛何须怨杨柳，春风不度玉门关。"正是王之涣的《凉州词》。王之涣立刻拊掌大笑，调侃起两位友人："怎么样？这下可得算我赢了。"

我的札记

诗人寻踪

《登鹳雀楼》的作者，我们大都认为是王之涣，但实际上，这一说法直到宋代才逐渐成为共识。在宋代以前，这首诗的作者颇有争议。有人说是武则天时期的御史，有人说是一位未做官的文人，持不同说法的人都有各自的证据。直到宋代由皇帝主持编纂的文学总集《文苑英华》成书，我们熟知的《登鹳雀楼》才有了现在的题目，作者被定为王之涣。此后，《文苑英华》的记载被文人们辗转引用，于是此诗作者为王之涣的说法也逐渐深入人心。

第五章

画色入韵的异域风光

Weinisi ☀

威尼斯：浪漫"毒药"

课文回放

　　威尼斯是世界闻名的水上城市，河道纵横交错，小艇成了主要的交通工具，等于大街上的汽车。

　　威尼斯的小艇有二三十英尺长，又窄又深，有点儿像独木舟。船头和船艄向上翘起，像挂在天边的新月；行动轻快灵活，仿佛田沟里的水蛇。

　　——马克·吐温《威尼斯的小艇》（节选）（人教版语文·五下）

第五章 ·画色入韵的异域风光·

威尼斯因水而兴，因水而美，如梦如诗，令人仰慕。

我的名片

姓名： 威尼斯
美誉： 水城、百岛城、桥城、水上都市
位置： 意大利东北部
名人： 马可·波罗、皮尔·卡丹
景点： 凤凰歌剧院、圣马可广场、圣马可大教堂
美食： 墨鱼面、扇贝螃蟹沙拉、醋渍沙丁鱼

如果蓝色注定温柔，我愿繁衍成一片澄澈的水域，尖尖的船角划开波浪，那是我对贡多拉赤诚的爱。

在阳光中蒙上你的双眼，指缝间依稀一片温馨的红，具象的世界其实迷离，我是威尼斯，只在船的起伏中跳动。

喜欢威尼斯，不仅因为它的浪漫，还因为那里浓郁的人文气息。威尼斯是梦幻般的地方，从画册上便可窥见它的美丽和独特。这里的居民最早是为躲避战争逃到岛上来的。古城兴建于公元6世纪，位于亚得里亚海滨，被称为"亚得里亚海明珠"。它是从海上升起的城市，所有的民居和街道以及精美的教堂都建造在数以千计的小岛之中；纵横交织的水道就像其他城市的街道，而它的交通工具，如同陆地上的汽车一样，理所当然就是船。

从远处向水面眺望，那些轻巧纤细、造型别致的尖舟映入眼帘。在威尼斯，它们有着独具特色的名字——贡多拉。千万不要小看它们，正是因为有了它们，威尼斯人才能信步于潟湖之上。

据说，16世纪的贡多拉是最华丽的，尖舟造型的艺术性也达到巅峰。那时候，当地的贵族们经常乘坐这种雕刻精美、船端装饰着丝绸和缎子的小尖舟，以此来炫耀自己显赫的地位和巨额的财富。

129

Ⓐ 在美丽的威尼斯，人们可乘坐贡多拉欣赏迷人的水上风光，领略独特的威尼斯风情。

为了杜绝奢靡之风，威尼斯元老院颁布了这样的禁令：不准在尖舟上进行装饰来炫耀门第，已经安装的要及时拆除，所有的贡多拉都要漆成黑色。从此以后，贡多拉就变成了统一的造型和颜色，只有在极为特殊的场合，才有机会被装饰为花船。

即使如此，贡多拉还是有能够体现匠人们精湛工艺的地方——船头和船尾。在 15 世纪至 16 世纪时，六齿钺戟形状的船头和依奥尼亚式的船尾比较常见，到了 18 世纪，贡多拉的形状和大小被逐渐统一，慢慢地发展固定成为现在的样子——长约 10.75 米、宽约 1.75 米。贡多拉的底部略呈不对称的形状，这样是为了在单桨划船时能够保持平衡。从前的贡多拉中间舱还有船篷可以用来遮风避雨，然而随着时光的流逝和岁月的变迁，这种船篷也逐渐消失。如今，船夫们只穿着一件有横条纹的紧身针织衣，头上戴着草帽，用来挡雨。

威尼斯大运河清澈的河面上，有许多著名的桥，每一座桥

Ⓐ 里亚托桥

都在向人们述说着什么。里亚托桥是其中最古老、最美丽的一座。这原本是座木桥，16世纪时人们决定将它改为石桥，据说米开朗琪罗也曾竞标建桥，但最后被一个叫作安东尼奥的人得标，于1592年建成了现今这座白色的石桥。桥下是一个大跨度的拱形桥洞，桥上是一个有顶的走廊，从侧面看，桥的正中心是一个很高的拱形，两边各有六个小点儿的拱形门廊，成为24个店铺，行人走在桥上既可以购买东西，又可以纵观大运河的全貌。另一座著名的桥为叹息桥，完工于1600年，是一座全封闭的巴洛克式石桥。它架在总督府和监狱之间的小河上，被判刑的犯人，都要经过这个桥被关进监狱，相传过往的船夫常常会听到犯人走过桥时的叹息声，所以被称为叹息桥。沿湖向码头走去，湖水清澈、碧蓝，远处的利多岛隔湖在望，高耸的哥特式教堂钟楼、拜占庭式的圆顶建筑，古老而安详，犹入梦中。

到威尼斯不能不去的是圣马可大教堂。828年，门徒马可的遗骨从埃及被移到威尼斯，所以人们决定建造华丽的教堂来供大家瞻仰。这个教堂融合了各个世纪不同的建筑风格：拜占庭式的金碧辉煌，哥特式的建筑精神，罗马帝国时期的建筑外观，半圆拱的内部构造，以及伊斯兰教宫殿式的圆屋顶。这正体现了威尼斯开放的、与世界交流融合的观念。正面是大型拱廊，有五个奢华的大门，分别以罗马时期的小圆柱和浮雕做装饰。进入教堂，其奢华更让人感到惊叹，比起宗教的圣殿，这里更像一座富丽堂皇的皇宫。墙壁上金色的镶嵌画都是圣经故事。最惹眼的是布道坛后的一幅黄金装饰屏，这是一名金匠用纯金打造的艺术杰作，上面还镶嵌了宝石、珐琅等贵重的材料。在左侧的小教堂中，陈放着装饰画和拜占庭金质圣器。在这里，世俗的奢华远远超过宗教的神圣，真使人不得不对威尼斯商人的富有刮目相看。

除了景观，威尼斯在人文方面也有着杰出的表现，诞生于1932年的威尼斯电影节便是其中的优秀代表。它比戛纳电影节早7年，比柏林电影节早19年。时至今日，每年8月底到9月初的两周里，水城威尼斯都会成为世界瞩目的焦点。

其实，威尼斯有太多的东西值得去看，去感受，去回味……每一次都会带给人们不一样的震撼。

利多岛

威尼斯的东南方有一座小岛，它因为一条18千米长的沙洲而闻名，这座岛的名字叫作"利多"。一年一度声势浩大的威尼斯电影节就在这里举行，这里有欧洲最著名的海滨浴场。同时，利多岛也是一个国际性的疗养胜地。

Bali

巴黎：浪漫之都

课文回放

娄蒙路的棚屋，可以说是不舒服的典型。在夏天，因为棚顶是玻璃的，棚屋里面燥热得像温室。在冬天，简直不知道是应该希望下霜还是应该希望下雨。若是下雨，雨水就以一种令人厌烦的轻柔声音，一滴一滴地落在地上，落在工作台上，落在这两个物理学家标上记号永远不放仪器的地方；若是下霜，就连人都冻僵了，没有方法补救。

——艾芙·居里《美丽的颜色》（节选）（人教版语文·八上）

如果你有幸在年轻时去过巴黎，那么以后不管你到哪里去，它都会跟着你，一生一世。巴黎，就是一场流动的盛宴。

——海明威

有太多太多的小说和影视作品，把巴黎塑造成一个浪漫之都。这里拥有艺术文化的特质、秀丽的风光，但更让人沉醉的是巴黎骨子里透出的风情。身在塞纳河边，就如在画卷中，两岸尽是美景，总有古典的气息扑面而来。

巴黎的阳光像帕瓦罗蒂的金嗓子，极具穿透力。沐浴在这样的阳光下，情侣们总是无法按捺心中的激情，要不然怎么随处可见拥吻的情侣呢？据说，法兰西的吻是最浪漫的接吻，唇舌相交，神魂颠倒，完全进入忘我之境。在巴黎，你无须压抑自我，尽可以尽情释放，只要你愿意，随处都可以与你的爱人唇齿相依，热情相拥。此时你会发现：巴黎的象征也许不是埃菲尔铁塔和巴黎圣母院，而应是一个热烈的吻。

里尔克曾说："巴黎是一座无与伦比的城市。"巴黎建都已有1500多年的历史，而城市本身的历史已有2000多年。这座城市给人们留下的最深刻的印象是：它既保留着许多闻名世界的历史遗迹，又有许多宏伟壮丽的现代化建筑。这里永远有数不尽的风貌等着你一探究竟，神秘的巴黎圣母院、盛名远播的香榭丽舍大道、经典的埃菲尔铁塔、雄伟的凯旋门……这一切都让人神往，置身其中会很自然地感叹：一个都市的建筑如果没有其精神性，那便是一堆如蜂巢般的水泥块而已。

巴黎建筑的精神性是统一的，这也归功于建筑师对建筑风格协调性的维护和

我的名片

姓名： 巴黎
美誉： 艺术之都、时尚之都、文化之都、浪漫之都
位置： 法国北部巴黎盆地中部
名人： 维克多·雨果、奥古斯特·罗丹、罗曼·罗兰、伏尔泰、卢梭、莫泊桑
景点： 埃菲尔铁塔、凯旋门、卢浮宫、塞纳河
美食： 法国洋葱汤、法式蜗牛、马卡龙

有远见的城市规划。巴黎的建筑虽然显得有点儿拥挤，一个挨着一个，但并不凌乱。这个有着几千年历史的城市，时至今日，每一座建筑都保留着原有的历史风格和典雅的风貌，所到之处，无一例外地能让人感受到浓郁的历史气息。虽然几经沧桑，经历了多次修缮，但它们仍保留着古老的文化韵味。

屹立在塞纳河边的巴黎圣母院，是最让人向往的地方，无论是因为大作家雨果的世界名著，还是因为它是法国哥特式教堂的经典之作，它都是欧洲建筑史上一个划时代的标志，无愧于它的盛名。寻觅着雨果笔下丑陋却善良的敲钟人，走进其中，幽暗的环境、肃穆的气氛、隐约的布道声，使人"不敢高声语，恐惊天上人"。

巴黎圣母院的风格独特，结构严谨，看上去十分雄伟庄严。它被壁柱纵向分隔为三大块，三条装饰带又将它横向划分为三部分，其中，最下

> 塞纳河畔，战神广场上，那最显著的建筑，也是法国的标志，就是埃菲尔铁塔。

面有三个内凹的门洞。门洞上方是所谓的"国王廊",排列着耶稣基督 28 位先祖的雕像。大革命期间,巴黎人民将它们误认为是他们痛恨的法国国王的形象而捣毁。但是后来,雕像又被修复并放回原位。中央是圣母马利亚和耶稣像,两边立着天使的塑像。再向外的左右两侧立的是亚当和夏娃的塑像。教堂内部极为朴素,几乎没有什么装饰。站在圣母院前的广场上,面对着这位见证了法国历史的 700 多岁的老人,它带给人的震撼不只是因为雨果的名著,也不只是因为它是建筑史上的经典,更是因为这座古老的教堂本身就拥有的巨大的感染力……

　　海纳百川是巴黎成为世界时尚之都的重要原因之一,来自世界各地的设计师、摄影师、模特、编辑等怀揣时尚之梦的人才在这里努力寻找机会。同时,他们也带来了各地的服装潮流,朋克、雷鬼、嘻哈,虽然一些保守的巴黎人会把这些风格归入坏品位一类,但正如一位著名的大师所说:"好品位缺乏幽默感。"有幽默

Ⓐ 月夜中的塞纳河

Ⓨ 巴黎圣母院

感才能赢得民心。在好品位与坏品位、传统与反叛的吵吵嚷嚷中，巴黎的时尚不断更新。

巴黎给人的印象就是流行时尚的集中地，浪漫狂欢的大本营。其中最有名的应是贯穿凯旋门的香榭丽舍大道。所谓香榭丽舍，在希腊语中就是"乐园"之意，也就是说希望来这儿的情侣都能寻找到心中的爱情乐土。不论是漫步在清幽的林间小道，还是在咖啡座小憩片刻，都可呼吸到独属于巴黎的浪漫空气。

巴黎的空气中弥漫着浮华和香艳，这个经由上千年时间沉淀出来的无限风雅之地，每一个人都无法抗拒，不论是曾经到过的，还是未曾踏足的。玛德莲娜广场是巴黎时尚旋涡的正中央，每天出门就可嗅到大师精心调制的巴黎味道，连空气似乎也是打扮过的。在左岸圣日耳曼德佩区的古老巷子里，有中世纪的窄街和古老浪漫的高档小旅馆，软墙裙、软脚几、落地窗幔、落地桌布无不散发着浪漫的气息，旖旎、缱绻，说不尽的风月故事尽在此中。

城中央3区、4区玛黑一带的古老旅馆，十有八九是贵族豪门的官邸改造的，够堂皇也够悠久，老地板、吊顶床，洗手间可能比别处的客厅还大。推门出去，就是古典的花园，还有前卫时髦彻夜不眠的巴士底歌剧院，所有的一切都向人们证明巴黎那特有的浮华。巴黎的浮华不是人人都看得懂的，不是镶金嵌玉、铺大理石、造巴洛克柱子……巴黎的浮华是飘在空气里的，像香水一般，刚好让你感到心旷神怡，不会多出一分。这里颜色绚丽，每个细节都恰到好处，让人回味无穷。

Lundun
伦敦：全球化的典范

课文回放

  我最喜欢溜达的地方是伦敦桥。我习惯坐在石桥的某个凹处，看过往的人们，或者趴在桥栏上，看太阳照在水面泛出万点金光，照到伦敦大火纪念塔顶上的金色火焰上。有时，那孤儿也会在这儿碰上我，我就把有关码头和伦敦塔的事编成些惊人的故事，说给她听。有关这些故事，我只能说，我希望自己也相信是真的。

——狄更斯《大卫·科波菲尔》（节选）（人教版高中语文·选修上册）

  伦敦，一座传奇与发展并存的城市，一座全球领先的世界级城市。在英国作家狄更斯的笔下，它是充满了奇幻故事的夕阳之城，它的美，在伦敦桥的夕阳映照下，显得格外光彩夺目，充满了无尽的诱惑力。如今，伦敦早已成为一座全球化的典范城市，当我们踏上这片神奇的土地，在它饱含风情而

第五章 ·画色入韵的异域风光·

又各具特色的景点中，近距离触碰那些仍在继续的传奇故事！

白金汉宫：英国皇家典范

就像我国的故宫一样，白金汉宫是英国国家的象征，也是举办各类国家庆典和王室欢迎礼的重要场所。

白金汉宫位于伦敦圣詹姆士公园西端，1703年，白金汉公爵命人在这里修建了一座大型的镇厅建筑，并将其命名为"白金汉宫"，这座建筑成为人们今天看到的白金汉宫的主体建筑。

从建筑风格来看，白金汉宫深受19世纪前期的豪华式建筑风格的影响，令人惊叹的庞大规模，加上让人眼花缭乱的华丽外表，让这座宫殿一度成为伦敦地区的热门建筑，吸引着无数的人竞相来此参观。

在白金汉宫落成之后，它曾一度被用来当作大英帝国的纪念堂、美术陈列馆、办公厅甚至是藏金库，直到1761年，乔治三世将这座宫殿买下，用来当作妻子夏洛特女王的私人府邸。自此，白金汉宫就成了英国王室成员的住处，甚至还有了"女王的家"的称号。

1837年，维多利亚女王正式即位，之后，她果断地将自己的住所搬迁至白金汉宫，从此，白金汉宫就正式成为英国王室的府邸，同时也是女王接待外宾、举行国

▼ 白金汉宫

白金汉宫与故宫、白宫、凡尔赛宫、克里姆林宫并称"世界五大名宫"。

我的名片

姓名：伦敦

美誉：世界金融中心

位置：英格兰东南部

名人：狄更斯、王尔德、毛姆、艾略特

景点：白金汉宫、大英博物馆、大本钟、伦敦桥、圣保罗大教堂

美食：威尔士兔子、奶油茶、约克郡布丁

家庆典等活动的重要场所。

作为伦敦最知名的地标性建筑之一,白金汉宫的主体建筑为3层,里边主要由包括典礼厅、音乐厅、宴会厅、画廊等在内的600多间厅室组成。此外,宫外还有专业的皇家画廊、皇家马厩以及一处占地面积颇大的御花园。其中,皇家画廊和皇家马厩是对外开放的,人们可以去到里边参观游览,而御花园则主要用来在每年夏季召开盛大的皇家招待会,以及英国女王的一系列重要国事活动。

大本钟:伊丽莎白塔

除了白金汉宫,伦敦还有另一处标志性建筑,它就是坐落在泰晤士河畔的伊丽莎白塔,也就是人们口中俗称的大本钟。

大本钟是一座世界闻名的哥特式建筑,于1859年建成,它通高96米,是英国最大的一座钟楼,每隔15分钟会敲响一次钟声。遇到召开国会期间,大本钟的钟面上会发出耀眼的光芒,报时间隔也改为一小时一次。

要知道,大本钟向来是以准时闻名全球的,它可以说是世界上时间卡得最精准的钟楼,即使是在第二次世界大战期间,面对德国军队的狂翻轰炸,大本钟依然屹立不倒,丝毫未受到损坏。

然而,就是这样一座精准报时的钟楼,却在2005年的一天,突然停了一个半小时,它的分针停止了转动。这件事被人们戏称为"大本钟罢工行动"。对于这一情况,人们简直感到难以置信,不少人认为二战的炮火都没能让大本钟停下来,但它却突然自己停了下来,而且还足足停了一个半小时之久,这简直让人难以相信。

有趣的是,在足足停了一个半小时后,大本钟的分针恢复正常,又开始自行转动起来,乍一看,这就像是大本钟给人们上演的一场恶作剧,先以停摆引起人们的恐慌和猜想,又在人们惊慌不已时,再次转动起来开始正常报时,仿佛之前的一切从未发生过一样,只留下人们在风中凌乱,不知所以。

Ⓐ 大本钟已经成为伦敦的重要象征,是来英国旅游的必到之处。

当然，大本钟的突然停止并不是毫无根据的，毕竟它也是一位一百多岁的"高龄老人"了，它体内的部件也都多多少少有些损耗了，再加上当天的高温天气，据说那天是英国自1959年以来最炎热的一天，面对这么炙热的天气，一生要强的大本钟可能是中暑了吧！

伦敦桥：命途多舛的桥梁

在伦敦泰晤士河上，有一座几经重建的大桥，它就是大名鼎鼎的伦敦桥，被看作是伦敦的象征，甚至有着"伦敦的正门"之称。

要说伦敦桥名字的由来，主要是因为在它附近坐落着高耸的伦敦塔，一塔一桥，相互映衬，所以就有了伦敦桥的名称。

伦敦桥的前身，可以追溯到公元50年，当时，罗马人在泰晤士河上搭建了一座木质桥梁，这就是伦敦桥的雏形。不过，这座木质伦敦桥的寿命并不长，仅仅存在了五年多，就毁于战乱了。

  之后,出现了第二座伦敦桥,它是用砖头建造的,虽然要比之前的木质桥梁坚固,但在 1014 年,为了分散入侵的丹麦军队,英格兰国王埃塞尔雷德二世下令拆毁这座砖制伦敦桥,就这样,在人们声势浩大的拆解破除进程中,第二座伦敦桥缓缓倒下了。

  在这之后,伦敦桥又进行了第二次重建,但重建后的桥梁却在 1091 年,被大风暴毁于一旦。之后,伦敦桥又进行了第三次重建,然而又于 1136 年被大火烧毁。

  直到 1209 年,人们耗时 33 年之久,用石头修建了一座新的伦敦桥,然而这座桥却完全不对称,就连桥拱也非常狭窄。在坚持了 600 多年后,这座石制伦敦桥最终退出历史舞台。19 世纪 20 年代,人们开始设计新的伦敦桥,以此来取代原来的伦敦桥,最终,在经历一波三折后,1894 年竣工通行,耗时 8 年,一座坐落在旧桥西侧的五拱石桥诞生了。随着它的落成,之前的那座旧桥就被拆除了。之后,在 1902～1904 年间,人们对伦敦桥进行了一定程度的加宽,但这一操作却让整座桥开始逐渐下沉,最终,这座伦敦桥也被废弃拆除了。

◉ 伦敦桥

如今，我们所能看到的伦敦桥，是1967～1972年间建造的一座新桥，它采用水泥建造，虽然外观并不怎么亮眼甚至完全没法和旧伦敦桥相比，但它的质地却更坚硬一些，实用性也更强一些。

有一首和伦敦桥相关的童谣名叫 London bridge is falling down，讲述的却不是充满温馨和童趣的故事，相反，这首童谣讲述的正是和伦敦桥有关的残酷历史，是伦敦桥一次次被重建，而又一次次被摧毁的残酷历史。

➤ 大英博物馆门口的现代雕塑，古老文明与现代文化交织在一起。

我的札记

◉ 大英博物馆

作为世界文化名城，伦敦建有世界上最大的博物院——大英博物馆，它是世界上历史最悠久、规模最宏大的综合性博物馆，和法国卢浮宫、俄罗斯艾尔米塔什博物馆、美国大都会博物馆一起并称为世界四大博物馆。在大英博物馆内，收藏着来自英国和世界各国的珍贵文物，藏品种类之丰富、数量之繁多，堪称世界博物馆之最。在大英博物馆内有一个东方艺术文物展厅——中国馆，包括《女史箴图》、宋罗汉三彩像、敦煌经卷、《青绿山水图》、《华岩变相图》等在内的珍贵藏品，让这里成了大英博物馆极具盛名和吸引力的展厅。

Helan fengche
荷兰风车：孩提时代的梦境

课文回放

荷兰，是水之国，花之国，也是牧场之国。
……

这就是真正的荷兰。碧绿色的低地镶嵌在一条条运河之间，成群的骏马，匹匹膘肥体壮。除了深深的野草遮掩着的运河，没有什么能够阻挡它们飞驰到远方。辽阔无垠的原野似乎归它们所有，它们是这个自由王国的主人和公爵。

——卡雷尔·恰佩克《牧场之国》（节选）（人教版语文·五下）

▶ 传统的荷兰风车

荷兰风车造型独特，历史悠久，随处可见，荷兰也不愧为"风车之国"。

我的名片

姓名：荷兰
美誉：风车之国、水之国、花卉之国、牧场之国
位置：欧洲西部
面积：4.15万平方千米（包括内陆海）
名人：安东尼·列文虎克、凡·高、马尔科·范巴斯滕
景点：考斯特钻石厂、郁金香公园、水坝广场
特色：风车、郁金香、木鞋

荷兰位于西风带，盛行西风，加之典型的海洋性气候，虽然缺乏水力，风力却成为上天赐予它的最优厚的补偿。荷兰的风车就像是人鱼动人的歌声，在时光的荏苒中，生生不息。

从前，欧洲流传着这样一句话："荷兰风车创造了陆地。"的确，如果没有这些高高耸立的风车，荷兰就无法从大海中取得近乎国土面积五分之一的土地，奶酪和郁金香的芳香也就无从谈起……在过去的200多年中，风车如巧手匠人一般把荷兰打造得愈加美丽、富饶。

荷兰人感念他们的"功臣"，虽然高科技取代了风车的功用，可是余下的千座风车却作为新兴环保能源沿用至今。不仅如此，每年5月的第二个星期六，乐

观而淳朴的荷兰人民会欢天喜地地转起千座风车，迎接来自世界各地的客人。这一天，便是荷兰著名的"风车日"。

初春的晨曦，天空雾蒙蒙的，阳光穿透厚重的云层，将雾气一点点驱散。童堤镇的风车矗立在这片辽阔的平原上，迎风旋转。

而道路两旁则是一幢幢精美的五彩小别墅，别致而韵味十足，小路右边是农舍，左边有着一大片芦苇和灿烂的油菜花，芦苇迎风招展，油菜花花香四溢。

走在荷兰的乡间田野，你会深切地感受到什么是"风景如画，人在画中"。蓝天白云下，绿色草毯上，三五成群的奶牛和绵羊在悠闲地吃草，一条小路通向不远处的风车，它们一路延伸，在广袤的原野里与时光一同向前。

走近风车，叶片呼呼嗡嗡转动的声音不时萦绕耳际，把人们带入另一个世界。爬上陡陡的木梯，风车内部有些漆黑。昏暗的光线中，转轴与粗粗的麻绳以其特有的方式展示着它们历经时间洗礼后的沉着与稳健。

徘徊在童堤镇的路上，阳光煦暖，柔和的风拂过脸颊，空气中充满了泥土和青草的气息。回眸远眺，那古朴的风车正在阳光下悠闲地转动。

也许，正是因为在这样美丽的世界里，在这样美丽的土地上，凡·高才会停下脚步，拿起画笔……

开罗：城市之母

Kailuo

课文回放

九月的开罗是金色的。

在金色的夕阳下，金色的田野，金色的沙漠，连尼罗河的河水也泛着金光，而那古老的金字塔啊，简直像是用纯金铸成的。远远望去，它像漂浮在沙海中的三座金山，似乎一切金色的光源，都是从它那里放射出来的。你看，天上地下，黄澄澄，金灿灿，一片耀眼的色调，一幅多么开阔而又雄浑的画卷啊！

——穆青《金字塔夕照》（节选）（人教版语文·五下）

我的名片

姓名： 开罗

美誉： 城市之母

位置： 埃及北部、尼罗河沿岸

名人： 美尼斯、孟图霍特普二世、胡夫、拉美西斯二世

景点： 埃及博物馆、开罗塔、金字塔群、狮身人面像、解放广场

美食： 香酥嫩全羊、天然果汁、烤乳鸽

金字塔

规模宏大的金字塔大多修建于古埃及第三王朝到第六王朝（前2686～前2181）的古王国时期，其中最著名的当数第四王朝第二代法老胡夫的金字塔。

第五章 ·画色入韵的异域风光·

就像作家穆青在《金字塔夕照》里写的——九月的开罗是金色的。无论是这里的田野、沙漠,又或者是泛着涟漪的尼罗河、闪着金光的金字塔,眼前的一切全都闪耀着金色的光芒,这里简直就像是一个金色的王国,处处都有金色的光芒闪耀。在这片金色光芒的照耀下,开罗,一个坐落在埃及北部的古老城市,似乎也被蒙上了一层神秘的面纱,被它孕育出的金字塔、狮身人面像以及其他各具特色的景点,就好像是点缀在面纱之上的点点繁星,用它们亮眼的光芒,让开罗变得更加神秘和传奇,为人们上演一段古今并存、交相辉映的历史!

金字塔:世界七大奇迹之一

作为世界上最古老的城市之一,开罗是尼罗河畔的文明之城,由开罗省、吉萨省和盖勒尤卜省组成。无论是政治、经济、文化和商业,又或者是景观地貌、人文历史等,开罗都当之无愧是一座城市之母,由它所孕育出的文明,是人类文明史上的重要组成。

就拿有着"世界七大奇迹之一"之称的金字塔来说,它是开罗古老文明的最强例证,在它金碧辉煌的外表下,埋藏的正是古老开罗的悠久历史和灿烂文明。

在成为如今享誉全球的遗迹景观前,金字塔是古埃及国王的陵寝,也就是人们口中所说的法老陵寝。之所以会有金字塔出现,主要还是和古埃及人的"来世观念"有关。

古埃及人非常信仰神灵,他们认为"人生不过是一个短暂的居留,而死后才是永久的享受",在这种来世观念的影响下,古埃及人将死后的冥世看作是人类尘世生活的延续,于是,在好好活着的时候,古埃及人就开始为自己去世以后的身后事做准备了。他们不仅会为自己准备坟墓,而且还会准备各种用来装饰坟墓的物品,如此大费周章的做法,目的只有一个,那就是为了获得死后的永生。

特别是对古埃及的法老和贵族来说,他们为了让自己在去世后过得和活着的时候一样,还会特意命人在自己的坟墓里画上各种壁画,甚至还会摆上各种用来享受的木制模型,比如船只、猎物、宴会活动以及仆人等。

在古埃及第三王朝前，人们死后都会被葬入长方形坟墓里，这种坟墓是用泥砖制成的。后来，有一个名叫伊姆荷太普的年轻人，他非常聪明，在被招来给法老左塞王设计坟墓时，突发奇想，用方形石块建成了一个六级的梯形金字塔，以此来当作坟墓，而这，就是我们今天所看到的埃及金字塔的雏形。

有了伊姆荷太普的发明，古埃及迅速掀起一股营建金字塔的风气，在左塞王之后的法老贵族们，纷纷以他的金字塔坟墓为模型，开始给自己修建金字塔坟墓。这种坟墓，乍一看，和汉字里的"金"字字形十分相似，再加上外表金灿灿的，简直就是"金"字的现实写照。

一开始，古埃及人只相信人在死后依然会像生前一样生活，但大约到了古埃及第二至第三王朝时，古埃及人萌生了"法老去世后，要升天成神"的观念。于是，为了让法老死后更好地升天，他们的坟墓就被特意修建成金字塔，而金字塔的造型就像是一架通向天堂的天梯，顺着它，去世的法老就可以顺利升天了。

狮身人面像：斯芬克斯之谜

在埃及吉萨省的金字塔墓区，坐落着一尊享誉世界的雕像——狮身人面像，

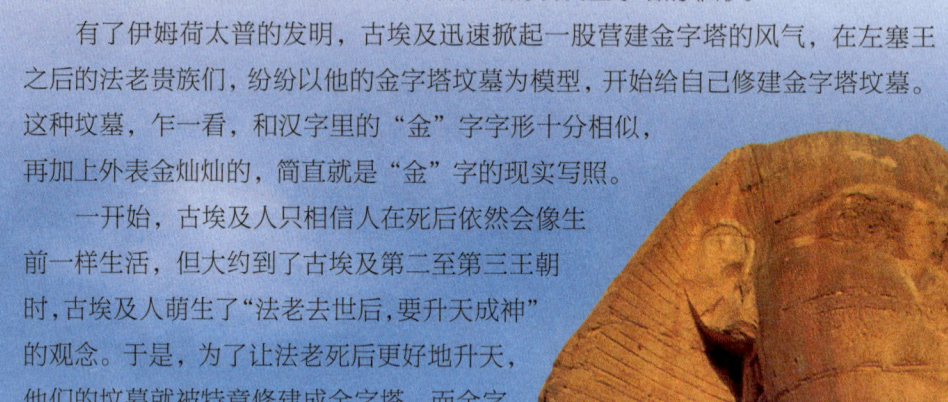

第五章 ·画色入韵的异域风光·

这座雕像通高约20米，长约57米，上半身是人面塑像，下半身则如同狮子的身体。关于狮身人面像上半身的人面头像，一种传言说是古埃及法老哈夫拉的肖像，另一种传言则认为这是古埃及法老胡夫的肖像。

如今，在历经数千年的风吹日晒后，狮身人面像头像部分的色彩早已脱落，就连人面像面部的鼻子也不翼而飞了。关于狮身人面像鼻子的去向，流传着许多种说法，其中最为人们熟知的一个说法就是：1798年，当拿破仑率领军队攻占埃及时，刚一看到狮身人面像，就被它的气势给震慑到了。在拿破仑看来，这尊狮身人面像简直就是在向自己挑衅示威，于是他一气之下，下令让士兵们将炮弹瞄准狮身人面像的鼻子，一炮将它的鼻子打飞了。没了鼻子，狮身人面像的气势就弱了一大截，再也没法让拿破仑感到危机感了。

在狮身人面像的胸前，有一块残存的记梦碑，上面记载着一段神奇的传说：相传在3400多年前，托莫王子骑马来狩猎，由于一路颠簸，托莫王子有点儿累了，于是他便从马上下来，就地坐在沙地上休息。就这样，托

● 狮身人面像

狮身人面像坐西向东，蹲伏在埃及第四王朝法老哈夫拉的金字塔旁。相传这座雕像由一块巨石雕成，象征着法老的威严。

147

托莫王子在不知不觉中睡着了,迷迷糊糊之中,他做了一个神奇的梦,梦中有一尊石像出现在他面前,神情凝重地对他说:"我是胡尔·乌姆·乌赫特,是人们崇拜的伟大的神灵,只是这里的沙土快把我憋坏了,如果你能替我拂去身上的沙土,那我就让你成为埃及国王,统领整个埃及!"

说完这段话,那尊石像突然消失,而托莫王子也在此时突然惊醒。他仔细回想梦里发生的一切,然后就召集大批劳工,让他们在沙土里挖啊挖,最终成功将狮身人面像挖了出来。为了不让沙土再次淹没狮身人面像,托莫王子命人在它四周筑起一道高耸的防沙墙。

图坦卡蒙的金棺具

埃及博物馆:法老博物馆

在开罗解放广场,坐落着一座古老而华丽的双层石头建筑,它就是埃及博物馆,由法国考古学家马里埃特设计建造。

作为世界著名博物馆之一,埃及博物馆里的馆藏文物主要以古埃及法老时期的文物为主,因此它又被称作"法老博物馆"。

在埃及博物馆众多展室中,最值得一提的,当数"木乃伊陈列室"。从名字就能看出,这个展室主要用来陈列展示古埃及历史上的木乃伊,它们是古埃及历代法老以及

坐落在开罗解放广场的埃及博物馆是世界上最著名的博物馆之一,图坦卡蒙陵墓出土的黄金王棺和黄金面具都被收藏在这里。

第五章 ·画色入韵的异域风光·

埃及博物馆前的雕塑

他们的后妃们的木乃伊。

所谓木乃伊，其实就是数千年前，经过特殊制作和处理后形成的干尸，这些尸体被存放在人形棺木里。不同于普通的棺木，木乃伊的人形棺木十分的考究，在它的棺盖和内壁上，刻画有用来守护死者的经文和神像，在古埃及人心中，这么做既能保护木乃伊的完整性，又能对盗取木乃伊的匪徒起到震慑作用。

存放在埃及博物馆内的木乃伊，有的距今已有3500多年的历史，即使相隔如此之久的时间，但这些木乃伊却依然保存得十分完好，甚至于有些木乃伊身上的头发、脚指甲等部位，全都清晰可见。在众多木乃伊藏品中，拉美西斯二世的木乃伊遗体保存得最为完整，他是古埃及第十九王朝时期的第三位法老，也是当时最杰出的政治家、军事家和文学家。在拉美西斯二世执政时期，他发动了一系列的军事远征活动，成功夺取了埃及对巴勒斯坦地区的控制权。此外，拉美西斯二世还是个非常热衷土木工程的法老，他在位时期，主持修建了许多庙宇，其中以阿布辛贝神庙最为出名。

我的札记

神圣的开罗塔

开罗塔位于扎马利克岛，塔高187米，相当于60层楼那么高，它的整体造型是仿照埃及的象征物莲花打造的。就像巴黎埃菲尔铁塔在巴黎人民心中的地位一样，开罗塔是埃及人民心中的标志，拥有不可侵犯的神圣地位。在开罗塔的第14层，设有一个可以容纳80人的大型旋转餐厅，主要用来招待各国贵宾。每隔半小时，旋转餐厅就会转动一周，届时，人们可以一边用餐，一边通过餐厅的落地窗俯瞰整个开罗，欣赏这里的壮阔美景。

Laiyinhegu

莱茵河谷：花火中的圣地

课文回放

有一年秋天，贝多芬去各地旅行演出，来到莱茵河边的一个小镇上。一天夜晚，他在幽静的小路上散步，听到断断续续的钢琴声从一所茅屋里传出来，弹的正是他的曲子。

——《月光曲》（节选）（人教版语文·六上）

世界上，少有哪条河流像莱茵河一样，两岸依次排列着如此多的城市，如科隆、诺伊斯、波恩、科布伦茨和美因茨；也少有哪条河流像莱茵河一样，两岸聚集了如此多的城堡、宫殿，而且每座城堡都有自己的名字，都有一段古老的传说。

第五章 ·画色入韵的异域风光·

▲ 莱茵河流经瑞士的一个小镇，居民在这里惬意地生活。

我的名片

姓名： 莱茵河
长度： 1320千米
发源地： 瑞士东南部阿尔卑斯山北麓
流域面积： 22.4万平方千米
流经国家： 瑞士、列支敦士登、奥地利、德国、荷兰等
沿河港口： 巴塞尔、斯特拉斯堡、路德维希港、美因茨、科隆、杜伊斯堡等

　　莱茵河从瑞士东南部的阿尔卑斯山出发，向北流经瑞士、列支敦士登、奥地利，转而向西流经德国、法国、荷兰，最后在荷兰的鹿特丹附近注入北海。它日夜流动，载运着数以万计的货物，成为欧洲大陆上最具有历史意义和文化传统的大动脉。据说，一度有五分之一的世界化工产品都在莱茵河沿岸生产，然而也正因为如此，莱茵河受到了严重的污染。

　　在莱茵河中部，即德国城市宾根到波昂之间的一段，有着令人惊叹的干净与美丽的景色，被人亲切地誉为"莱茵河谷"。这里如此安详静谧，以至于来往的船只都不忍用汽笛划破这里的宁静，它们总是静悄悄地来去，留下一条安静而浪漫的河流。而莱茵河仿佛读懂了人们的善意一般，没有辜负大家的期望，承载着德意志民族的起起伏伏，成为德国的命运之河，也成为德国浪漫主义的精神依托。

　　乘上小艇，顺着莱茵河蜿蜒曲折的河道，徜徉在清澈见底的河水上，极目远望，碧绿的葡萄园、引人注目的小城、一座座青山，以及掩映在青山之中若隐若现的古老城堡，不禁让人的思绪飘向遥远的过去，那一段段的古老传说、一段段的传奇佳话，同莱茵河畔的美景一道，浮现在人们眼前。

▲ 莱茵河谷小镇的夜晚，带给你的只有安静和惬意。

❶ 或许身处莱茵河谷并不觉多么特别，但当你站在高处眺望时，就会发现，它竟这么美！

宾根占据着得天独厚的地理位置，从罗马时代开始，这里就种植葡萄。白天，温暖的阳光照射着葡萄生长的土地，人们在葡萄园里劳作；夜晚，悠闲的人们在酒吧或自酿酒的酒馆里，倒上一杯葡萄酒，偶尔与朋友聊上几句。这样的生活虽平淡，却是幸福的。即使没有约朋友，只是独坐，在那样轻松的环境里，品着甘甜的葡萄酒，也是美好的。

提起葡萄酒，就不得不提到莱茵河畔的吕德斯海姆。它坐落在平缓的山坡上，是一座古色古香的小城。满城都是层叠的红色屋顶和被绿树掩映的街道，还有大片的葡萄园。教堂和城堡周围，满是鲜花、小楼、泉眼、酒窖和一个个脸带笑意的游客。小城里，有一条极狭长的叫德洛塞尔的小巷，小巷不足5米宽，两旁排列着一座座黑色桁架小楼，楼上、楼下铺满了鲜花，到处弥漫着淡淡的花香和浓烈的酒香。而且很多私人的酒窖都向外人开放，供人们品尝各种葡萄酒。夜晚来临，在轻轻的晚风中，整个莱茵河谷都被揉进了葡萄酒的香气里，人们都沉醉在这浓郁的酒的甜梦里。

❷ 香醇的葡萄酒

世界上，只有很少的地区，能像莱茵河谷一样，将悠闲的生活、充满传奇色彩的传说，以及深厚、真实的历史如此完美地结合在一起。圣·哥阿附近有一段十分狭窄的地段，那里曾经是传说中最危险的地方——洛娥莱山崖。它就像一个美丽的少女一般,屹立于莱茵河的转弯处。传说,一位叫洛娥莱的金发女郎有6个美丽的姐妹,她们美丽动人,而且声音甜美,但铁石心肠。每当河水下降时,洛娥莱就带着姐妹们端坐在山崖上,弹起竖琴,唱出美妙的歌谣。所有经过此地的人,只要听到她们诱人的歌声,看到她们妩媚的容颜,就会被永远地留在莱茵河中。这个传说曾经让无数的诗人、画家、音乐家慕名而来,而他们的诗歌、画卷和音符,又让两岸点缀着古老城堡的河谷增添了神奇的色彩。

如今,当河水水位下降时,人们还可以清楚地看到危险的"七少女"暗礁。这些奇特的暗礁在落日余晖的照耀下就像少女在梳妆打扮,姿态妩媚迷人。但洛娥莱山岩已褪去了古老、危险的色彩,加入了现代的、多元的元素。它平坦的岩石上,有着巨大的露天舞台,摇滚乐、流行乐和民俗文艺成了这里的主角。

莱茵河是德国人的骄傲,河畔除了大片的葡萄园、离奇的传说,还有数不胜数的城堡。据说,德国的城堡大约有一半坐落在莱茵河谷地区,它们就像女神无意间撒落的珍珠,参差错落地点缀在神奇的绿色地毯之上。随着季节的变化,地毯一层层地铺展,"珍珠"便随着林荫道蜿蜒伸展。当你禁不住好奇,轻轻地推开古堡那优雅的大门时,一阵古老而富丽的气息迎面扑来,仿佛身穿燕尾服的绅士在向你鞠躬……

莱茵河就是这样,带着淡淡的酒香与富丽之气,成为德国的灵魂,也成为无数艺术、文学作品描绘的对象。这条充满浪漫气息和神奇色彩的河流,如诗般梦幻。

每到仲夏之夜,莱茵河谷就会举行盛大的灯火节,持续四五天,这期间,莱茵河都将映照在华丽的焰火之下。每一次轻微的爆鸣,都有一朵焰火从人群中腾空而起,穿过快乐的人群,冲向深邃的天空。焰火点燃了沉寂的夜晚,无数只海军的白色舰船,在节日的焰火中结队航行;河岸上的人们或在帐篷里,或在搭建的露天舞台上,饮着醇香的葡萄酒,看着漫天的焰火,跳着欢快的舞蹈……

莱茵河谷就这样静静地沉浸在古老与现代文明交替的传说和故事中,任由河岸绚烂的烟火传递着百姓的祈愿和幸福。

我的札记

可怕的鼠塔

在宾根城外,有一个叫莱茵岛的地方,上面有一座"鼠塔"。据说它是罗马元帅德路威斯在公元前8年修建的一座关税塔。后来,主教哈托二世不顾百姓的疾苦,将剥削来的大量粮食藏在此塔之中,引来了很多老鼠。百姓无法忍受主教的盘剥,便抢走了粮食,将主教禁锢在塔中。主教最后成了老鼠的美餐。从此,"鼠塔"就成了关税塔的别名,并一直流传至今。

跟着课本去旅行

选题策划：白海波

文稿撰写：颜　源　　于　露

文图编辑：白海波　　徐育岑

装帧设计：罗　雷

美术编辑：张大伟

图片提供：视觉中国

　　　　　　站酷海洛